身近な環境への気づきを高める環境教育手法

「環境経験学習」から「指示書方式」への展開

市川智史 著

大学教育出版

まえがき

　今日の環境教育は、持続可能な社会の実現に向けて、現在生じている環境問題の解決や今後の環境問題の未然防止のために、一人ひとりの意識と行動を変えていくことをめざしている。その基盤として、人間とのかかわりにおいて環境をとらえていくことが重要である。環境に直接接するという体験を大切にし、その体験を通じて環境の状態や変化に「気づく」ことが重要であると考える。

　アメリカにおいて1970年代前半に開発された環境教育教材に Environmental Studies Project（略称ES）がある。ESについては、故・恩藤知典博士（元・神戸大学教授、教育学博士）が、現地での実践の見聞やディレクターのサンプルズ氏とのインタビューなどを通じて、「環境経験学習」との呼称を与え、環境教育の基底をなすようなものであると高く評価されている。本書では恩藤知典博士に敬意を表し、ESを「環境経験学習」プロジェクトと呼ぶことにする。

　「環境経験学習」プロジェクトの理論と教材は、児童・生徒の興味関心を生かしながら、彼らを身のまわりの環境に直面させ、「見れども見えず」の状態から「見える」状態へ導く（「気づき」を育む）とともに、環境に対する見方・考え方の深化、自主性・主体性の育成につなげていくことのできる有意義なものであるが、日本ではあまり知られていない。

　本書では、まずこの「環境経験学習」プロジェクトの理論と教材を明らかにし、その優れた点、学ぶべき点を述べる。後半部では、筆者自身が「環境経験学習」プロジェクトの理論と教材から学んだことを生かして提案している「指示書方式」プログラムの考え方と具体的な例を紹介する。

　「指示書方式」プログラムは、例えば「○○を見つけなさい」といったような学習活動課題を記したプリント（指示書）と、活動場所や経路等を記した地図、まとめやメモのためのプリントを配布・説明し、学習を進めるという手法

である。活動場所や経路等の指定の仕方によって、いくつかのタイプに分けることができるが、実践する場面に合わせてタイプを選定し、フィールドに合わせた学習活動課題を設定した独自のプログラムを作ることができる。

　わざわざ「指示書方式」などと名付けるほど目新しいものではないが、「指示書方式」という視点を持つことで、学校の校庭や中庭、近くの公園、学校周辺の地域（校区）等のフィールドに見合ったプログラムを作りやすくなるだろうと考えている。

　「指示書方式」は、総合的な学習の時間、理科の身近な自然の環境や季節の生き物、生態系に関する学習、社会科の地域調べ、地域発見、全校活動や集団宿泊体験・自然体験学習などでのプログラム開発の指針となるであろう。

　本書が、学校現場の教員や地域での環境教育実践者の、環境教育プログラム開発とその実践に寄与することができれば幸いである。

身近な環境への気づきを高める環境教育手法
―「環境経験学習」から「指示書方式」への展開―

目　次

まえがき……………………………………………………………… 1

第1章 「環境経験学習」プロジェクトの活動 ……………………… 7

第2章 「環境経験学習」プロジェクトの理論 ……………………… 10
1. 基本的視座　*10*
2. カリキュラム、学習内容、学習方法　*11*
3. 課題の「あいまいさ」の理論と教師の役割　*15*

第3章 「環境経験学習」プロジェクトの教材 ……………………… 19
1. 教材の全体像　*19*
2. ゼネラルカードの全体像　*22*
3. ゼネラルカードの具体例　*24*
    (1) 〈変化〉のカード　*25*
    (2) 〈計数〉のカード　*29*
    (3) 〈地図化〉のカード　*31*
    (4) 〈評価〉のカード　*35*

第4章 「環境経験学習」から「指示書方式」へ …………………… 40
1. 「環境経験学習」プロジェクトからの示唆　*40*
2. 「指示書方式」プログラム　*41*
3. 萌芽的プログラム　*45*

第5章 小区域（活動ポイント）指定タイプ ……………………… 50
1. 「学内環境探検」プログラム　*51*
2. 「滋賀大学環境体験」プログラム　*59*
3. 「ほらそこに…… こんなものが」プログラム　*67*

第6章 一定範囲（活動エリア）指定タイプ ………………………… 76
1. 「私を探して」プログラム　77
2. キャンパス「気づき」体験プログラム　83
3. 自然の循環　発見隊　90
4. 生き物の気持ちの詩　99

あとがき ……………………………………………………………… 113

引用文献 ……………………………………………………………… 114

第1章 「環境経験学習」プロジェクトの活動

　アメリカにおいて1970年代前半に開発された環境教育教材の1つとして、Environmental Studies Project（またはEnvironmental Studies Project for Urban Youth、ないしESSENTIA（略称ES））がある。ESについては、羽賀貞四郎（1972）[1]、小金井正巳（1973）[2]、大隅紀和（1975）[3]、恩藤知典（1975a、1975b、1977a、1977b、1981、1991）[4]-[9]が紹介し、たいへん興味深い教材であると論じている。筆者はこれらの先行研究を踏まえた上で、ESの理念や教材の特質を明らかにしてきた[10],[11]。ESに関する研究の第一人者である恩藤知典氏は、現地での実践の見聞やディレクターのサンプルズ（Samples, Robert E.）とのインタビューなどを通じて、ESに「環境経験学習」との呼称を与え、環境教育の基底をなすようなものであると高く評価している。本書では、恩藤知典氏に敬意を表し、ESを「環境経験学習」プロジェクトと呼ぶこととする。

　「環境経験学習」プロジェクトは、「地学教師養成プロジェクト」（Earth Science Teacher Preparation Project（略称ESTPP））とともに、「地学教育カリキュラム開発プロジェクト」（Earth Science Curriculum Project（略称ESCP））から派生した。また「環境経験学習」プロジェクトは、「アメリカ地質協会」（American Geological Institute（略称AGI））が1970年頃から行っていた「地学教育計画」（Earth Science Educational Program（略称ESEP））の3つの構成要素—ESCP、ES、ESTPP—のうちの1つに位置づけられていた。

　「環境経験学習」プロジェクト成立の直接の動機となったのは、1968年7月のESCP指導者会議で、この会議の様子は、恩藤知典氏によって詳しく報告されている[6]。その後約2年間、「変化の証拠を写真に撮りなさい」という課題を用いた試行や「全米科学財団」（National Science Foundation（略称NSF））

に対する資金助成申請などが行われた。1970年4月にNSFの資金助成が開始されることとなり、「環境経験学習」プロジェクトは正式にスタートした。ESCPの指導者会議からESの成立とプロジェクトの終了までの経緯を表1-1に整理しておく。

1970年7月から8月にかけての3週間、コロラド州のボールダー市において第1回執筆会議が開かれ、試行の段階から加わっていた教師を中心に、スタッフを含めて約20人が集まった。

それ以前の計画では、「変化」(Change)、「地図化」(Mapping)、「計数」(Counting)、「判断」(Judging)、「教師用ガイド」と題する5つのパンフレットの作成が予定されていたが[12]、第1回執筆会議において執筆者たちは、独立した、系統性のない、どれからでも学習を開始できるようなカード形式の教材を作成するよう主張した[12),13)]。その主張が通り、執筆者たちは「変化」「地図化」「計数」「判断」の4つの領域に分かれてカード教材の原案を作成した。

ところが執筆者たちは、この会議の終わりになると4つの領域を「プロジェクトの初期の活動における教育内容の領域としては不自然で制限的であるとして批判」[14)]した。例えば「『変化』に関して活動しているとき、生徒は変化を記述し分析するために、地図を作ることや数を数えることを必要とする」[12)]ことが予想されたからで、結局、4つの領域は削除されることとなった[14)]。しかし、これら4つは、教材開発の初期において重要な役割を演じたもので、「こ

表1-1 「環境経験学習」プロジェクトの活動経緯

1968年7月	ESCP指導者会議
1969年11月	ESオリエンテーション・ワークショップ
1970年4月	ESの成立
7～8月	第1回執筆会議
10月	パケット1完成
1971年5月	パケット2完成
1971年8月	第2回執筆会議
1971～72年	パケット3、4完成
1972～73年	パケット5、6完成
1973年9月	プロジェクト名をESSENTIAと改称、本部移転
1975年8月	ES/ESSENTIAの解散

れらはユニットではない (anti-unit)」としながらも、メジャー・ユニットと称して教材の中心に位置づけられた[15]。

この会議で出された原案に基づいて、1970年10月には25枚の学習課題カード (Assignment Card) と "ES SENSE" と称する教師用小冊子からなる教材セット (パケット1) が完成した。次いで1971年5月には、25枚の課題カードからなる教材セット (パケット2) が完成した。これら50枚のカードは4つの領域 (メジャー・ユニット) に属するものとされ、ゼネラル・カード、あるいは、身近な環境を扱ったカード (immediate environment card) と呼ばれている。

1971年8月に、第2回の執筆会議がワイオミング州のコーディ市で開かれた。ここには1970～1971年の「環境経験学習」プロジェクトのテスト・センターの教師を中心に、スタッフを含めて約15人が集まった。会議では1970～1971年の実践の総括がなされ、パケット3、4の開発の基礎が築かれた。1972年の春にはパケット3、4と "ES SENSE 2" と称する教師用小冊子が開発された。さらに1972～1973年の間にパケット5、6が開発された。

「環境経験学習」プロジェクトはこの段階で教材の開発活動を終了した。1973年9月に、本部をそれまでのコロラド州ボールダー市のAGI本部から、ワシントン州オリンピア市にあるエヴァグリーン州立大学に移すと同時に[16]、プロジェクト名をESSENTIAと改称し、教材の実践段階へと入っていった。そして、2年後の1975年8月にプロジェクトを終了し、解散した。

第2章 「環境経験学習」プロジェクトの理論

1. 基本的視座

　「環境経験学習」プロジェクトは、前提として「すべての生徒は環境の中にいる」、「生徒はその環境から学ぶことができる」の2つを挙げている[17]。また、「人間の心が、身近な環境を、それが当たり前であるという形にパターン化してしまいがちである」ために身近な環境の学習は難しいと述べ、「私たちは、身のまわりの環境を当たり前であると思うことで、学習の完全な舞台となる最も身近な資源を無視している。それゆえ、ESの仕事は、生徒がこの資源を使用し得るような指導の戦術と戦略を作ることである」と述べている[17]。さらに「すべての人間環境は都市中心部も含めて豊かであり、すべての生徒には、自分に最もよく合うやり方で学習する潜在能力があると考えている」とも述べている[17]。

　ここには、私たちが、日常目にする環境を「当たり前」ととらえてしまう、いわば「見れども見えずの状態」に陥ってしまうために環境の豊かさをとらえられず、環境を学ぶこともできないという指摘と同時に、学習者を「見れども見えずの状態」から「見える状態」へ導こうという「環境経験学習」プロジェクトの考えが示されていると言うことができる。

　また「環境経験学習」プロジェクトは、環境を「個人のまわりに常に存在する、物質・力・態様の総体である」と定義している[18]。その上で、環境を「子どもの内なる環境」、「その中に自分自身を見いだすような身近な環境」、「人類全体にかかわるグローバルな環境」の3つに分けている[17]。そして、「教材

は、自然・人為的外囲と人間との関係、環境の社会的・科学的・数学的・芸術的・心理学的・文学的側面と人間との関係、自分と自分自身との関係を取り扱っている」と述べている[18]。

つまり「環境経験学習」プロジェクトは、環境を自然環境、社会環境などに分けず、総体としてとらえ、個人を中心として、個人とのかかわり合いの親密さの程度に応じて、同心円的に3つに分けてとらえていると言える。人間の内部（心理的な意味で）にも、外界を反映した一つの環境が存在しているととらえていることは、「環境経験学習」プロジェクトの特徴と言うことができよう。

2. カリキュラム、学習内容、学習方法

スタッフの一人であったロミー（Romey, William D.）は、従来のカリキュラムの固定的で収束的な性格を次のように論じている。

> 一般に生徒は本の1ページから始め、カリキュラムに沿って活動する。それはカリキュラムの開発者たちが一方的に確立した形で進行する。カード形式を考え出した他のカリキュラムの場合でさえ、多かれ少なかれ生徒がそれに従うよう設定された道筋が定められている。個別化教育をめざしたパッケージでは、生徒が自分自身の速度で進むことは認められているが、生徒が進む道筋は定められている。[13]

そして、「環境経験学習」プロジェクトの考えを次のように説明している。

> ESの目的は、教師が教科や収束的思考に頼る方法から離れるのを手助けすることである。[13]

> ESプログラムの明らかな成果の一つは、大部分のカリキュラムに見られる系統性が強調されないことである。[13]

> 拡散的学習モデルでは、生徒はあいまいな出発点を与えられ、そこから自分の進みたい方向へ進むよう導かれる。……出発点を除いて教授計画は放棄される。多く

の収束的カリキュラムにおいて注意深く定められている行動目標も拒否される。[12]

またディレクターのサンプルズは、「ES の教材は、教師が彼自身の自由な判断で使用できるように作られているので、カリキュラムを構成していない」とまで述べている[14]。

このように「環境経験学習」プロジェクトは、従来の固定的で収束的なカリキュラムを脱し、柔軟で拡散的なカリキュラムをめざしていると言うことができる。言い換えれば、従来のカリキュラム、すなわち「何を、どのように、どのような順で学ぶかがあらかじめ決められており、学習者はその路線上を歩み特定の内容・概念を学習する」というカリキュラムを脱し、学習者自身が自己の学習に責任をもち、何を、どのように、どのような順で学ぶかを決定し、学んでいくタイプのカリキュラムをめざしていると言うことができる。

では、「環境経験学習」プロジェクトにおいて、学習内容はどうとらえられているのだろうか。ロミーは次のように述べている。

> 何人かの教師や科学教育者は、ES 教材のどこに内容があるのかと問いかける。しかし、私たちが開発した教材は、カリキュラムにおいて、普通に言われているような意味での内容の提供を意図していない。むしろ、私たちの主旨は、生徒と教師が生活している環境全体にすでに含まれている内容を正当に認めることにある。[13]

> 生徒はこの環境から、彼自身の内容を選択し、何か他のものに移りたいと思うまでそれを追い続ける。[13]

さらに「環境経験学習」プロジェクトは、次のようにも論じている。

> 環境に関して書かれた教科書の記述に答えることを要求する代わりに、彼自身のまわりで彼が見つけたことを表現することへと、生徒を導くのである。こうして生徒は、環境に対してより敏感になり、より多くの能力を得る。[17]

すなわち「環境経験学習」プロジェクトの学習内容は、教科書に記述された抽象的な概念などではなく、環境に存在するすべての事物・現象であると言える。さらに、身近な環境そのものから出発し、抽象的な表現物（例えば教科書

の記述やさまざまな概念モデルなども含まれる）を作る過程を通じて、学習者の環境認識を質的、量的に豊かにしようとしていると言える。

スタッフの1人であったグリフィス（Griffith, Gail）は、「環境経験学習」プロジェクトが内発的動機づけを強調していることを、次のように述べている。

> これまで大部分の学校は、外的な刺激が、内発的動機づけの原因となり、その結果必然的に生じる学習の原因となるということを希望して、外的な刺激に頼ろうとしてきた。不幸なことにこの希望はめったに実現されなかった。しかしながらESはあいまいな課題と信頼の雰囲気によって、内発的動機づけに必要な状況の多くを確立している。[19]

「環境経験学習」プロジェクトは、アプローチ・モデル（学習方法）としてオープン・アプローチとトランスディシプリナリーを提唱している。

オープン・アプローチについては、教師用小冊子の中で図を示して（図2-1）、伝統的アプローチ、プロセス・アプローチと、オープン・アプローチを対比している[20]。ロミーは、これと同じ図を示し、それぞれを教授学的モデル、管理的モデル、内発的動機づけモデルと呼んでいる[21]。

伝統的アプローチでは、教師が教える内容をもっており、それを学習者に教授する。学習者は常に受動的立場で、教師が教授する内容を受け取るだけである。プロセス・アプローチでは、内容は教材やカリキュラムにおいて具体化されており、教師は内容と学習者の間で両者の橋渡し的役割を演じる。学習者は、教師を通じながら、能動的に内容に接していくことになる。

これらに対して、「環境経験学習」プロジェクトのオープン・アプローチでは、内容は環境のあらゆるところに存在し、教師は促進者・援助者（ファシリテーター）の役割を演じると同時に、自らも学習者と一緒に探究活動を行うものである。学習者は自らが、すべて、あるいは大部分を決定した探究活動を行い、自らが選択した内容を学習する。

「環境経験学習」プロジェクトは、トランスディシプリナリーに関して、教師用小冊子の中で図を示している[20]（図2-2）。

ロミーは、学問分野間の境界を乗り越えるアプローチとして、真に学際的な

アプローチは、「環境経験学習」プロジェクトのトランスディシプリナリーであると論じている[22]。しかし、トランスディシプリナリーの概念は、教師用小冊子においても、ロミーにおいても十分説明されていないため、上述のオープン・アプローチを参考にしながら、図をもとに解釈を試みてみる。

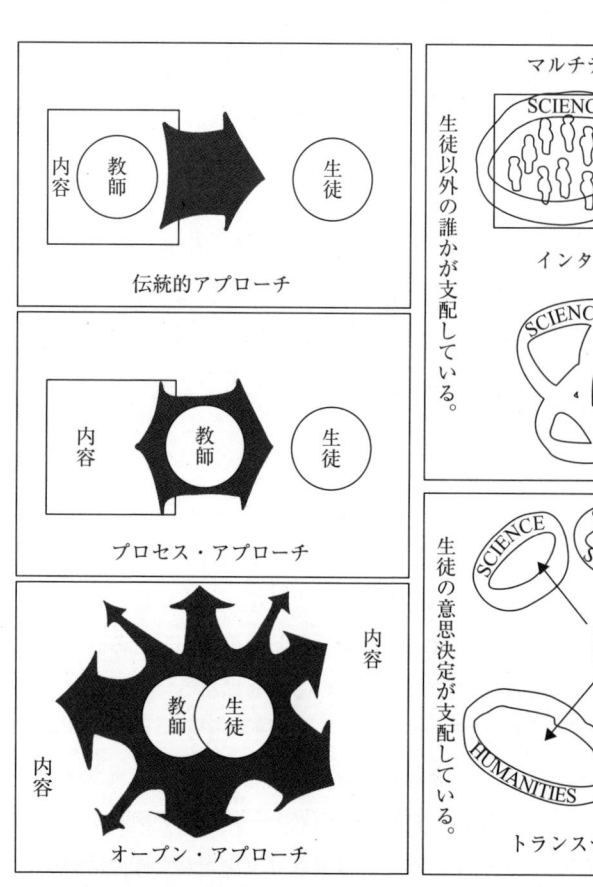

図2-1 伝統的アプローチ、プロセス・アプローチ、オープン・アプローチ

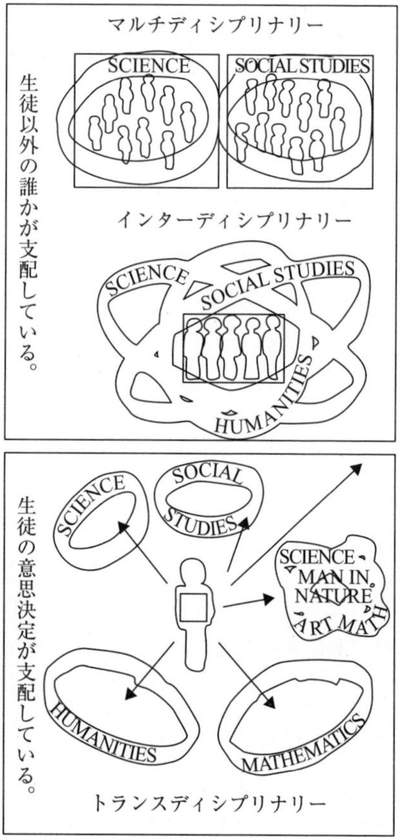

図2-2 マルチディシプリナリー、インターディシプリナリー、トランスディシプリナリー

マルチディシプリナリーとインターディシプリナリーは、チーム・ティーチングの手法を用いたり、カリキュラムを総合的なものにして、個々の学問分野に基づいた教授を行うものであるととらえられる。これら2つのやり方では学習の内容や方法を学習者以外の誰か（指導者やカリキュラム開発者など）が支配している

「環境経験学習」プロジェクトのいうトランスディシプリナリーは、学習者一人ひとりが自分の興味・関心に応じて、まったく自由にさまざまな学習に取り組んでいくやり方で、学習者の意思決定が学習を支配している。学習者が自らの興味ある内容を学んでみたところ、それが、ある場合には自然科学、ある場合には社会科学、またある場合には複数の学問分野がからみ合うような領域に行きつくということを意味している。

すなわちトランスディシプリナリーという考え方によって、既存の学問分野を適切に総合・融合して学際性が築かれるのではなく、個々の学習者の興味・関心に応じた自由な学習が、既存の学問分野の立場からみれば学際的であり、それが本来の学際性であると主張していると考えることができよう。

このように「環境経験学習」プロジェクトは、内発的動機づけを促進することを基盤として、現実の環境に存在するさまざまな事物・現象を学習者自身に探究させる学際的な学習を可能にするオープン・アプローチ、トランスディシプリナリーの立場を取っていると言うことができる。そしてまた「環境経験学習」プロジェクトは、課題を故意にあいまいにすることで、こうしたアプローチを具体化している。

3. 課題の「あいまいさ」の理論と教師の役割

「課題をわざとあいまいにする」ことの意味を「環境経験学習」プロジェクトは次のように述べている。

> あいまいな課題に直面すると、各々の生徒は、解決を考え出すと同様、問題を明

確にしなければならない。こうして各人は、自分自身の教育の性質と方向づけについて、明確な意思決定をする。このプロセスを通して、生徒は意思を決定することを学び、そして、その決定の結果に責任を負うことを学ぶ。[18)]

　ESの教材は、非常にあいまいな課題で、それは各々の生徒を、違う種類の活動へと導く。また、あいまいさの特質によって、課題に対する反応はすべて正しく、間違いというものは絶対存在しない。[17)]

　教師は、他のほとんどの学習理論に優勢な、外部から報酬を与えるシステムを用いるよりも、生徒の成果や活動の内的な強化〔intrinsic reinforcement〕を認めることによって、学習を援助する。このようなやり方だけが、一生を通じて持続する学習へ向かう態度を確立することができる。ESの教材は、そのような学習や態度形成の機会を与えようとしている。[17)]

　例えば、個人的・内的決定を要求するあいまいな課題と面と向き合うことで、生徒の活動は、素早く自己信頼となる。[23)]

これらの記述でも「課題をわざとあいまいにする」ことの意味が説明されているが、サンプルズは、以下のように事例的に述べている。

　例えば、「外へ出て変化の証拠を写真に撮りなさい」のようなあいまいな方向づけを与えることで、生徒に一連の決定による探究のドラマを始めさせることができる。生徒は、変化の操作的定義を決定しなければならず、それから、その変化の証拠とは何かを決定し、そしてそれから、証拠を写真に撮ることを試みなければならない。「変化」は内容〔a content quality〕に対して概念〔a conceptual quality〕であるので、生徒の探究活動の場はほとんど限定されない。[23)]

　「変化」は、内容的束縛に対するものとしての概念的束縛を供給するので、生徒は他の方法よりもずっと大きな自由を有している。[23)]

　概念的な話題（「変化」のような）に関するあいまいさに直面すると、生徒は、教師に「外へ出て、浸食の証拠を見つけなさい」と言われたときよりも、彼自身の（内的な）要求を与える高いポテンシャルをもつ。浸食は内容である。それに対して変化は概念である。概念は内容よりも束縛性がはるかに低い。[23)]

　こうして「進められる」意思決定は、課題のあいまいさと相まって、努力を素速

く、教師主導型〔teacher-sponsored〕から子ども主導型〔child-sponsored〕へと変える。[23]

以上のように「環境経験学習」は、内発的動機づけを促進することを基盤として、現実の環境に存在するさまざまな事物・現象を学習者自身に探究させるという学習を可能にするオープン・アプローチ、トランスディシプリナリーの立場の具体化として、正解に至る道筋を提供するという学習ではなく、「課題をわざとあいまいにする」、言い換えれば「あいまいな課題を与える」ことで、学習者の内発的動機づけ、意思決定を促す学習を具現できるとの明確な考え方をもっていると言うことができる。

「環境経験学習」プロジェクトの実践における教師の役割は、学習の促進者・援助者（ファシリテーター）となることである[19]。

具体的には、教師の認知的役割は、①拡散的な活動を行うことのできる焦点を与えること、②探究や発明に使用するものを生徒に与えること、③生徒の解決を受け入れること、④拡散的な活動を促進すること、であり、情意的役割は、学習者のフィーリングや価値の表現に注意深くなり、それらを受け入れることである[18]。

このような教師の役割と不可分である授業の雰囲気として、「環境経験学習」プロジェクトはオープネスを強調している。オープネスとは、受容と信頼によって支えられる雰囲気で、例えば次のように述べられている。

> オープネスは受容によって最も育てられる。受容は同意を意味するのではなく、むしろ、コミュニケーションの高い段階や、異なる意見・評価を尊敬することである。[20]

そもそも「環境経験学習」プロジェクトでは、「あいまいさの特質によって、課題に対する〔学習者の〕反応はすべて正しく、まちがいは絶対存在しない」のである[18]。ところが、このことを理解せず、学習者の反応に対し正誤の判断を行ったならば、学習者は教師の判断に合わせるという外的に支配された学習に戻ってしまう。さらに、学習者が環境に対する自らの認識や感性を表現す

ることを恐れ教師に依存してしまうならば、「環境経験学習」プロジェクトは、その意義をまったく失ってしまうと言える。それゆえ、学習者を信頼し、学習者の反応をすべて受け入れるというオープネスの雰囲気を確立することは、「環境経験学習」プロジェクトの実践において最も重要なことであると言うことができる。

第3章 「環境経験学習」プロジェクトの教材

1. 教材の全体像

「環境経験学習」プロジェクトが開発した教材は、課題カードと称するカード形式のものである。これらはパケットと称するパッケージにまとめられ、パケット1から6まで開発された。各々のカードはユニットと称するカテゴリーに分類されており、初期に開発された4つのメジャーユニットと、それに続けて開発された12のユニットに分けられている。各ユニットの名称を表3-1に示す。

メジャーユニットに属するゼネラル・カードは約21.5cm四方の正方形、その他のユニットに属するカードは約20cm×12.5cmのハガキより一回り大きいくらいのサイズである。カードの片面全体を使って表題と絵・写真が掲載されている。表題と絵・写真は、「使用者の反応の引き金となるメタファーをめざし

表3-1 各ユニットの名称

変化（Change）	計数（Counting）
地図化（Mapping）	評価（Judging）
占星術と性格（Astrology）	天文学（Astronomy）
コミュニケーション（Communicate）	地域活動（Community activity）
単純化（Coping with complexity）	動物の行動（Creature）
生態系（Enviros）	進化（Evolution）
人とのかかわり（Interpersonal Card）	動きの表現（Movement expression）
のぞき穴（Peephole）	人の動きのパターン（People patterns）

て」いる[13]。カードのもう一方の面は、以下の部分で構成されている[12),13),14)]。

○活動（The Action）：そのカードの中心となる故意にあいまいにした活動課題。

○発展（More）：【活動】の課題に従って行われる学習をより発展させる、あるいはそれを補うような課題。多くは【活動】の課題よりも具体的。

○ノート・スペース：教師が自分自身で考えた課題を追加したり、生徒がメモ

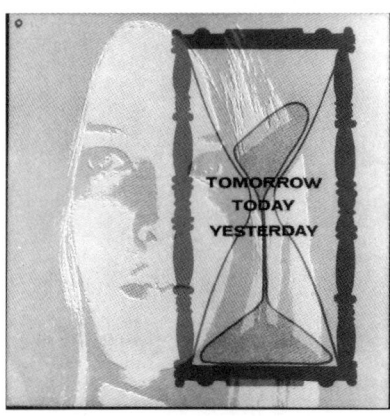
"Tomorrow today yesterday"の表面

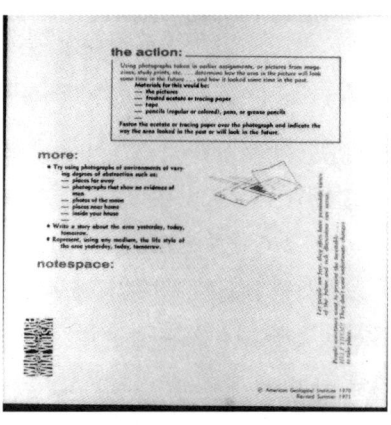
"Tomorrow today yesterday"の裏面

"Time time again"の表面

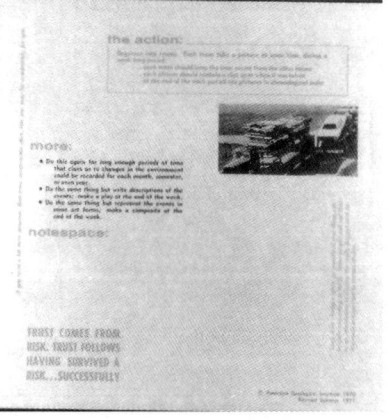
"Time time again"の裏面

第3章 「環境経験学習」プロジェクトの教材　21

をしたりするための空白。
○サイド・コメント：カードの課題を円滑に進めるために、教師に対して書かれたコメント。生徒が大部分の意思決定を自分で行えるようにするためのヒントと注意。

カード以外には、「教師用ガイドでも、料理の仕方を書いた本でもない」とされた教師用の小冊子とトランプ大の80枚のアプローチ用カードがある。アプローチ用カードは、トランプの4つのマークの代わりに人びと（People）、場所（Place）、過程（Process）、内容（Content）に分けられ、数字の代わりに工場（Factories）、市役所（City Hall）、病院（Hospitals）などと書かれている。これらは学習を援助するために作られたもので、課題カードに取り組む際、何を調べれば良いか、どこへ行けば良いか思いつかないとき、アプローチ用カードを裏返して並べ、1枚ずつめくって自分がやってみようと思うものが

教師用小冊子

ゼネラルカード以外の課題カード

アプローチ用カード

出てきたらそれに取り組むというように使用する[4]。

「環境経験学習」プロジェクトの教材の普及状況は「公式には、ロサンゼルス、サンフランシスコ、デンバー、シカゴ、デトロイト、ニューヨーク、ワシントン—バルチモア、アトランタの大都市中心部の学校において、そして、非公式には国中の4,000以上の都市近郊、郊外、田舎の学校において試行されている」[18]、「5,000セット以上の教材が販売されており、国中の教室で使用されている」とされており[13]、一地方にとどまらない、全米的な広がりをもったものであったとされている。

2. ゼネラルカードの全体像

初期に開発されたパケット1と2の合計50枚は、4つのメジャー・ユニットに属するものとされ、ゼネラル・カードと呼ばれている。初期に作られたこれらの教材は「環境経験学習」プロジェクトの考え方を色濃く反映していると考えられる。すでに述べたとおり、〈変化 (Change)〉〈計数 (Counting)〉〈地図化 (Mapping)〉〈評価 (Judging)〉の4つのメジャー・ユニットは教材開発の最終段階で削除されたため、各々のカードがどのユニットに属するかは明示されていない。しかし、これらのユニットが教材開発の初期において重要な役割を演じたことは確かであるので、まず各々のカードの所属を決定し、その後、各カードがどのような学習を提供し得るのかを考察した。

4つのメジャー・ユニットの特徴は次のように説明されている[24]。

〈変　化〉：因果関係を含む現象学的アプローチである。これらの教材を使用すると、生徒は環境において何がなぜ生じているのかを探すことに導かれる。

〈地図化〉：空間的アプローチであり、基本的に自分の身近な環境において事物がどこにあるかということと関係がある。

〈計　数〉：統計学的アプローチであり、ある特定の環境の質を数えることに

よって環境がどのようによりよく理解され得るかを明らかにすることに焦点が置かれている。

〈評　価〉：評価的なアプローチの教材である。それは生徒を、彼らが経験する環境の質について価値判断をする過程に従事させるように作られて

表3-2　ゼネラル・カードのタイトル一覧

	パケット1	パケット2
変化	(1) Live change	(7) Cause and effect 1
	(2) Me see	(8) Cause and effect 2
	(3) Move	(9) Double exposure
	(4) Predator and prey	(10) Egg hunt
	(5) Tomorrow today yesterday	(11) Fake the happening
	(6) Weed seeds	(12) Footprints
		(13) Plus or minus
		(14) Predict
		(15) Time time again
		(16) Who done it
計数	(17) Knowcount	(19) No count
	(18) Show me a million	(20) Ups and downs
地図化	(21) Environart 1	(30) Environart 3
	(22) Environart 2	(31) Environart 4
	(23) From here to There	(32) Feeling good bad
	(24) Invisimap	(33) Outrip
	(25) My plot	(34) Treasurehunt
	(26) Now you see it…then you didn't	
	(27) People paths	
	(28) Powerpicture	
	(29) Submap	
評価	(35) Author 1	(43) Commercial yours
	(36) How old	(44) Dislike
	(37) Joy	(45) Invent
	(38) Kiteflight	(46) Love hate
	(39) Opposites	(47) Meta 4 one
	(40) Soundsearch	(48) Meta 4 three
	(41) The happening	(49) Simili sound
	(42) T…t… touching	(50) Your thing do it!

いる。
　これらの記述に従って50枚のカードを分類したものを表3-2に示す（表中の番号は、パケット1、2に分けて、タイトルのアルファベット順に筆者が付したものである）。なお、「環境経験学習」プロジェクトでは、活動課題の解決の道具としてカメラ（写真を撮る）を活用している。これは当時目新しかったポラロイドカメラを教育の場で活用した先駆的な取り組みで、ディレクターのサンプルズ氏が写真家であったことに由来しているとのことである。

3. ゼネラルカードの具体例

　各カードには、【活動（The Action）】【発展（More）】【サイド・コメント】が書かれている。まず50枚のゼネラルカードを翻訳し、その記述からカードの活動課題の概要を整理した。さらに、筆者自身が各カードの課題に取り組むことを通じて、想定し得る課題解決例や各カードの意義・ねらい、何を学ぶことができるかといったことを考察した。各カードについての考察の記載様式を表3-3に示す。【活動】【発展】【教師へ】は、各カードの翻訳であり、その下の〔概要〕〔解決例〕〔解説〕が筆者による考察の部分である。
　以下、〈変化〉〈計数〉〈地図化〉〈評価〉の各ユニットに属するカードの具

表3-3　ゼネラルカードの考察記載様式

番　号	タイトル　　　〈ユニット名〉
【活動】	【活動（The Action）】の部分の翻訳
【発展】	【発展（More）】の部分の翻訳
【教師へ】	【サイド・コメント】の部分の翻訳
〔概要〕	活動課題の要約・概要
〔解決例〕	主に【活動】の部分の課題に対する解決の例
〔解説〕	「この課題で学習者はどのようなことを認識することができるか」、「この課題で学習者は何を学ぶことができるか」という視点からの分析・考察

体例をいくつか紹介する。

(1) 〈変化〉のカード

〈変化〉のユニットは、環境における物の移り変わりを扱ったものである。変化とはある物が時間を経るに従って、ある状態から別の状態へと移っていくことであり、私たちの身のまわりにある物は、すべて時間経過に従って移り変わっている。しかし私たちは普段、物事を固定的にとらえ、移り変わりのパターンを認識していないことが多い。また、環境の経年変化はゆっくりしているので、変化に気づく、変化を意識するという感受性や態度をもっていなければ、環境が良くなってきているのか、悪くなってきているのかにも気づくことはできない。さらにこのユニットは原因と結果にも焦点が当てられており、環境における変化の因果関係に気づく、言い換えれば環境の関係性に気づくことも含まれている。これらのことは環境教育の視点からすれば、身のまわりの環境がどう変わってきて、それを今後どのように改善していきたいのかということにつながり、その意味でも変化に気づく活動課題は重要であると言える。

〈変化〉のユニットに属すると考えられるカードは、パケット1が6枚、パケット2が10枚の計16枚である。各カードのタイトルと活動課題を表3-4に示す。

16枚のカードのうち、"Live change"と"Time time again"の2つを紹介する。

"Live change"は生物の変化を扱った課題である。生物の変化を観察する学習は、学校の理科の中で行われてきたが、それは対象や観察の観点、記録の取り方を限定した上で行われるのが一般的であると考えられる。しかしこのカードはそういったものを一切限定せずに、「生物の変化を証明する」よう求めている。変化の証明を求めるというところにポイントがある。

この活動課題の解決例としては、例えば、「イヌやネコのようなペットの体重の変化を測定する」「昆虫のふ化や脱皮などを写真に撮る」「青虫や毛虫等の体長の変化をものさしで測る」「1日の自分の身長や体重の変化を測る」「つめ、髪の毛、ネコのひげ等の伸びる様子を記録する」など、多様なものが考え

表 3-4 〈変化〉に属するカードの活動課題

タイトル	【活動】
(1) Live change	外へ出て、環境において生き物が変化していることを証明しなさい。
(2) Me see	あなた自身の性質を選び出し、その変化を記録しなさい。
(3) Move	外へ出て、動いているものを見つけなさい。それから、それらが動いているのと同じように動きなさい。
(4) Predator and prey	外へ出て、生活共同体の関係にあるものの中で、食う・食われるの関係にあるものを見つけなさい。
(5) Tomorrow today yesterday	他の課題で写した写真、あるいは雑誌の絵、学習用のプリントなどを用いて、これらの写真や絵の中の範囲が、未来のある時にどのように見えるようになるか、また、過去のある時にはどのように見えていたかを決めなさい。アセテート・フィルムやトレーシング・ペーパーを写真や絵の上に固定して、それに写真や絵の中のある範囲が過去にどう見えたか、将来はどう見えるようになるかを色鉛筆やダーマトグラフで示しなさい。
(6) Weed seeds	外へ出て、見つけられる限りたくさんの雑草の種を集めなさい。それらを植え、育てなさい（早秋には空き地や歩道は、子どもたちが集めてまいた種から生えた植物でいっぱいになるだろう）。
(7) Cause and effect 1	外へ出て、一方が他方の原因であるような2つのものを見つけなさい。
(8) Cause and effect 2	外へ出て、1番目が2番目と、2番目が3番目と……というように、前のものが後のものと関係があるような一連の出来事を見つけなさい（しかし、最後の出来事は1番目と因果関係がないと思われるもの）。これらの出来事を目に見えるメディアを使って表しなさい。
(9) Double exposure	ある変化を描写する二重写しの写真を撮りなさい。
(10) Egg hunt	外へ出て、できる限り多くの異なった種類の卵を見つけなさい。そして、それらを持ち帰りなさい。
(11) fake the happening	「何かが生じている明白な証拠である」と思わせるウソの写真を作りなさい。
(12) Footprints	外へ出て、何かの集団の間接的証拠を観察しなさい。
(13) Plus or minus	外へ出て、良い変化、悪い変化、良くも悪くもない変化の証拠を見つけなさい。
(14) Predict	外へ出て、予想のできそうな変化を見つけなさい。
(15) Time time again	チームを作りなさい。各チームは1週間のある時に1枚の写真を撮りなさい。しかし、他のチームには、いつ撮ったかを秘密にしなさい。各々の写真には、それをいつ撮ったのかを決めるための糸口を写しておきなさい。週の終わりにすべての写真を順番に並べなさい。
(16) Who done it	謎いたお話を表している一連の写真を撮りなさい。ただし、その写真には、どのようにそのお話ができたかという謎を解く手がかりを写しておきなさい。

(1)	Live change　　　　　　〈変化〉
【活動】	外へ出て、環境において生き物が変化していることを証明しなさい。
【発展】	○生き物とその変化を比喩的に表現しなさい。 ○生き物の変化を表すために、生き物ではないメディアを用いなさい。
【教師へ】	いくらかの人びとは、その人の環境における生き物の存在に気づいていないというようなレベルで生き物とつきあっている。その結果、環境用語で言う life-apathy（無関心）となっている。それに入り込みなさい。これは環境学習に入る初期の冒険として申し分のない、ストレスの少ない課題である。
〔概要〕	生き物の変化をとらえる
〔解決例〕	○イヌやネコのようなペットの体重の変化を測定する。 ○昆虫のふ化や脱皮などを写真に撮る。 ○青虫や毛虫等の体長の変化をものさしで測る。 ○1日の自分の身長や体重の変化を測る。 ○つめ、髪の毛、ネコのひげ等の伸びる様子を記録する。
〔解説〕	この課題で学習者は、身のまわりにさまざまな生物が存在しており、しかもそれらが絶えず変化していることを理解する。また、生物の変化を発見し、観察し、実証することで、生物の変化の数例を体験する。これらのことは生物に対する驚きと好奇心を喚起すると考えられる。

られる。

　観察記録を取ることの意味は、その変化を誰の目にも明らかなようにして証明するためのものであり、記録を取ること自体が目的ではない。対象を限定して、1学級全員が同じものを観察し、同じ記録を取っているだけでは、記録を取ることの本来の意味が理解されないで、記録を取ることが目的化してしまったり、学習自体が形式化してしまったりする可能性がある。それに対してこのカードのアプローチでは、記録を取ることの本来の意味が理解され、「証明ごっこ」のような遊びをしながら、学習者自身が自分の興味関心に従って対象を選び、観察し、その変化を認識するという楽しい学習の展開が期待できる。

　しかし、はじめは学習者が適切な証明方法を考えつかないことが予想されるので、教師がいくつかの例を示すのが良いと考えられる。生物は身のまわりにたくさん存在しており、その変化も比較的見つけやすい。自分自身も生物であるので、自らの変化（例えば身長や体重など）を取り上げることも可能である。このカードの課題は比較的具体的であるので、【教師へ】でも記されているように、初期にこの課題を行い、その後、他のあいまいな課題へと発展して

(15)	Time time again 〈変化〉
【活動】	チームを作りなさい。各チームは1週間のある時に1枚の写真を撮りなさい。しかし、他のチームには、いつ撮ったかを秘密にしなさい。各々の写真には、それをいつ撮ったのかを決めるための糸口を写しておきなさい。週の終わりにすべての写真を順番に並べなさい。
【発展】	○環境における変化を知るための糸口を記録するために、1カ月間、1学期間、1年間という十分長い期間をとってもう一度やりなさい。 ○今度は写真ではなく、出来事の記述で同じことをやりなさい。週の終わりに脚本を書きなさい。 ○出来事を表すために、いくつかの芸術の形態を用いて同じことをやりなさい。週の終わりにそれらを寄せ集めた作品を作りなさい。
【教師へ】	長期にわたる変化はしばしば気づかれなくなるが、それらは学習にかなりのメリットを与える。いくらかの人びとはこの課題を、このような学習に重要であるねばり強い根気を発揮する機会として利用するだろう。あなたがすでに提供された課題よりも、もう少し組織（構造）を必要とするなら、この課題はその要求に見合っている。
〔概要〕	さまざまな時間に写した写真を順に並べることで、あるものの一週間の変化をとらえる
〔解決例〕	○鉄がさびる様子の写真撮影 ○カビが生える様子の写真撮影 ○建築途中の家屋やビルの様子の写真撮影
〔解説〕	グループごとにこっそり写真を撮って、それを順番に並べるという活動は、一種のゲームとして楽しむことができる。ゲームを楽しみながら、長期的な、ゆっくりした変化を認識することができる。同じ対象で2回繰り返して行えば、1回目がその変化に対する動機づけとなり、より一層の認識を促すと考えられる。

いくのが良いと考えられる。

"Time time again"は、1学級をいくつかのグループに分けて、あらかじめ指定された対象物の写真を1週間に1枚だけ撮影し、週の終わりにそれらの写真を早い順に並べる活動である。【発展】では、1カ月、1学期というより長期的活動も求めている。

一般に、長期的なゆっくりとした変化は認識しにくいが、その変化の時々に写した写真を見ることで変化をとらえることができる。写真を順番に並べるという活動は、変化のパターンをとらえることである。また、単に数枚の写真を提示して、順番を当てさせるだけではなく、自分たちで写真を撮る、しかも他のグループに内緒でこっそりと撮るという学習者の遊び心をくすぐっていると

ころにもおもしろさがある。写真を撮るときのおもしろさ、遊び心が、順番を決める段階にも反映して、「順番当て」もゲーム的に楽しみながらできると考えられる。

　この活動課題の解決例（対象物）としては、例えば「鉄がさびる様子」「カビが生える様子」「建築途中の家屋やビルの様子」などが考えられる。

　対象は、はじめは教師が決めなければならないだろうが、2回目からは学習者に考えさせると良いだろう。また同じ対象で2回繰り返すことも変化の規則性・法則性がよくわかって良いであろう。

　以上、簡単に2例を紹介した。このユニットは自然の変化を対象にすると理科的な色彩が濃くなるが、人為的環境物や人間の所作を対象にすれば、道路の作り方や家の建て方、もっと大きく言えば地域やまちの移り変わりへと発展させることも可能と考えられる。

（2）〈計数〉のカード

　〈計数〉のユニットは環境物の数を数えることが、その物に対する認識を深めるという考えで作られている。数を数えるためにはその対象をよく見なければならないし、計数や統計的手法は、環境の質・量を把握するために有用な方法の1つでもある。このユニットではそうした方法を用いて、身近な環境物を把握させようとしている。しかし残念ながら、筆者が分類したところでは、こ

表3-5　〈計数〉に属するカードの活動課題

タイトル	【活動】
(17) Knowcount	外へ出て、数える前よりも数えた後の方が、それについてよくわかるようなものを数えなさい。
(18) Show me a million	外へ出て、百万の何かを見つけなさい。そしてそれを証明しなさい。
(19) No count	数えることが不可能なことが明らかであるようなもののリストを作りなさい。それからその中でどれでもよいから3つを選んで、それらの数を数えなさい。
(20) Ups and downs	環境において数が増加しているものを何か見つけなさい。また、数が減少しているものを見つけなさい。そしてそれを証明しなさい。

(19)	No count 〈計数〉
【活動】	数えるのが不可能なことが明らかであるような物のリストを作りなさい。その中のどれでもよいから3つを選んで、それらの数を数えなさい。
【発展】	○数えることが不可能であるような1つの物の総数はときどき変化するか。 ○何かを数えることを不可能にしているのは何か。どのようにすれば数えられるか。
【教師へ】	あなたがこの課題を与えたなら、生徒はあなたがだましたと思うだろうということを覚えておきなさい。楽しみなさい。これは統計的な数の見込みへの招待である。生徒は、ものさし、カウンター、ひも等の道具を必要とするだろう。教師も参加しなさい。生徒に解決不可能な課題を考え出させなさい。そして、その考え出したものを教師に与えさせなさい。
〔概要〕	数えることが不可能なことが明らかであるようなものを数える
〔解決例〕	○日本中の石ころの数 ○1つの山に生えている木の数 ○砂場の砂つぶの数 ○新聞に掲載されている文字の数
〔解説〕	この課題で学習者は、どんなものが数えることができ、どんなものができないかという区別を、具体的に物を通して認識する。また、実際に数えようとすることで、統計的な概算という方法について学習できる。例えば、日本中の石ころの数や1つの山に生えている木の数などを数えるためには、1つ、2つ……と数えることではなく、単位面積あたりの数を数えて面積をかけるというような統計的概算を行わなくてはならない。

のユニットに属すると考えられるカードは、パケット1・2、それぞれ2枚の計4枚であった。各カードのタイトルと活動課題を表3-5に示す。

具体例として、"No count"を紹介する。"No count"は、数えられないような物を数えるというあいまいな課題である。

一般に物を表している名詞は、数えられる物を表す可算名詞（普通名詞）と数えられない物を表す不可算名詞（物質名詞）に分けられる。したがって抽象的に言えば、数えられないような物は不可算名詞に属するのであって、それを数えることは不可能である。しかし例えば、「水」は数えられないが、「コップに何杯の水」であれば数えることができる。また一方で、可算名詞で表される物の中でも、「日本中の石ころの数」のように数えられるけれども事実上不可能という物もある。はじめに不可算名詞ばかりをリストアップした学習者は前者の方法をとり、リストの中に可算名詞を挙げた学習者は後者の方向をたどる

ことになるだろう。

　この活動課題の解決例としては、例えば「日本中の石ころの数」「1つの山に生えている木の数」「砂場の砂つぶの数」「新聞に掲載されている文字の数」などが考えられる。

　この課題は、上述の両方の活動を含んでいると考えられるが、【教師へ】を見ると、どちらかといえば後者の方（可算名詞）に力点があると思われる。

　可算名詞、不可算名詞のどちらの方向をたどったとしても、統計的概算は必要であるので、これがこの課題の最大のねらいであると考えられる。このような統計的手法は、環境の事物の数・量の把握の基本であると考えられ、この活動で学習者は、身のまわりの物の意外な多さや少なさに気づくことができるであろう。

（3）〈地図化〉のカード

　〈地図化〉のユニットは、身近な空間において物がどこにあるかということや、それらが自分にどのような影響を与えているかということを、図やスケッチ、写真等で表現することを通じて把握させようとしている。このユニットは、身のまわりの物の配置などを意識的にながめ、抽象化（図で表現）し、パターンを把握するという活動を含んでいる。またこうした活動は、人間の頭の中にある環境（シンボルやイメージ、概念等）を視覚的に表現し、それを現実と照らし合わせて、再び頭の中にフィードバックするという、いわば内的環境の整備のようなものであるとも考えられる。

　カードで取り上げられている活動は、現実に目に見える物の空間的把握だけではなく、人の流れや、人と人のつながり、物と物の相互作用などの目に見えないモノの存在把握も含まれている。それゆえ単に地図を作るという活動よりも心理学的色彩の濃いものとなっている。このような環境の把握は日常生活上必要なことであり、身近な環境の整備・保全等を考える基盤となるものであるとも言える。

　〈地図化〉のユニットに属すると考えられるカードは、パケット1が9枚、パケット2が5枚の計14枚である。各カードのタイトルと活動課題を表3-6に示す。

表 3-6 〈地図化〉に属するカードの活動課題

タイトル	【活動】
(21) Environart 1	外へ出て、芸術の材料となるものを選び、取ってきなさい。そしてその環境を思い出すために、それらを用いて環境の概観を作りなさい。そしてそれを思い出しなさい。
(22) Environart 2	テンペラのような水彩絵の具を使って、校舎に壁画を描きなさい（ホースで水をかければ消すことができる）。
(23) From here to There	あなたの家から学校までどのくらい遠いか調べなさい。次の各々の距離を見積もる努力をしなさい。最短経路、最長経路、最も早い経路、最も安全な経路。
(24) Invisimap	外へ出て、見ることのできないものを地図化しなさい。
(25) My plot	与えられたいくつかの備品を用いて、学校の近くのある区域で、できるだけたくさんの発見をしなさい。次のもののいくつか、もしくは全部が、さまざまな種類の道具の中に含まれるだろう。糸、棒、紙、カメラ、フィルム、鉛筆、ペン、テープレコーダー、カウンター。
(26) Now you see it… then you didn't	写真に撮れないような環境上の10個のもののリストを作りなさい。それらのうち3つを写真に撮りなさい。
(27) People paths	学校内や学校の周りで、人びとの流れを地図化しなさい。
(28) Powerpicture	外へ出て、力を表しているものを見つけなさい。スケッチ、写真、あるいは他の目に見える方法でそれらを描写しなさい。各自の描写を交換し、お互い他人の描写の中に見える力は、どんな種類のものかについて、話し合いなさい。
(29) Submap	外へ出て、地面の下にあるものを地図化しなさい。学校の近くの航空写真や街路図があれば助かるであろう。
(30) Environart 3	外へ出て、芸術作品を作るための道具として使えるようなものを何か集めなさい。そしていくつかの芸術作品を作りなさい。
(31) Environart 4	外へ出て、あなたの環境の中で材料を集め、それらからいくつかの芸術作品を作りなさい。各々の作品は、次のうちのどれか1つを表すようにしなさい。「なんと環境は見苦しいか」「なんと環境は美しいか」「環境はどんな感じを与えるか」「環境の喜び」「環境の悲しみ」「時間はどのように環境を変えるか」
(32) Feeling good bad	あなたを取り巻く環境の中で、あなたが最も心地よく感じる場所、それほど感じない場所がわかるような地図を作ってみなさい。
(33) Outrip	生徒に、自分たちが行きたいところから1つを選び、旅行を計画させなさい。そして行きなさい。
(34) Treasurehunt	1つのシリーズの写真を撮りなさい。他の誰かに、あなたが撮った写真の経路をたどるよう依頼しなさい。

具体例として、"From here to there"と"Invisimap"を紹介する。

"From here to there"は、家から学校までのさまざまな経路を考えさせる課題である。

地図はある地域に存在している物を抽象化し、記号化して、その地域の物の配置を表したものである。したがって地図を描いたり、読図したりすることは、その地域の環境事物の空間的配置を認識することに役立つ。もう一歩考えを進めて、私たちが普段どのようなときに地図を利用するかを考えてみると、例えばある場所へ最も早く行く路を探すときや、その場所へ行くのに最もわかりやすい路（目印の多い路）を探すときが挙げられる。このように私たちはあ

(23)	From here to there 〈地図化〉
【活動】	あなたの家から学校までどのくらい遠いか調べなさい。次の各々の距離を見積もる努力をしなさい。最短経路、最長経路、最も早い経路、最も安全な経路。
【発展】	○次に挙げた人は仕事中にどのくらい遠くへ行くか。 　バスケットボールの選手、教師、警察官、郵便配達人、新聞配達人。 ○どこかあるところへ行くのに最良の経路を決定しなさい。 ○すでに測られた経路の各々を通ることは、どのような感じを与えるかについて述べなさい。 ○あなたが見つけた経路の中の1つを旅することについて、あなたがどのような感じをもつかを示すような図を描きなさい。
【教師へ】	この課題は、容易に生徒を地図を描くことに導く。あなたはコースを記入するために地図をよく使うかも知れない。また、この課題のために地図を作るかも知れない。あなたがそれらの両方を行うならば、地図での意思疎通について何かを学ぶだろう。この課題は、おそらく授業時間内で終えられないだろう。締切のある長期の課題として扱いなさい。そうすれば授業で教えることができる。この課題のあとにSubmapに取り組む方が良い。
〔概要〕	家から学校までの道筋を考える
〔解説〕	これは地図化の代表的な課題の1つと言える。小学校において家から学校までの絵地図を描かせるような活動が行われたりするが、この課題はそうした活動に「ある目的に応じた最良の経路を決定する」という操作的活動が加わっている。このことによって学習者はより一層身近な環境に対する認識を深めることができる。例えば最短経路、最長経路を決定することは、家と学校の相対的位置関係や、自然・人工物の空間的位置関係の認識を深め得る。最も早い経路、最も安全な経路を決定することは、普段目にしていてもあまり意識していない、道路を取り巻く環境要素を意識的に見つめさせることになる。

る目的を持って地図を利用する。地図を描く場合も同じである。小学校において家から学校までの絵地図を描かせるような活動が行われたりするが、この課題はそうした活動に「ある目的に応じた最良の経路を決定する」という操作的活動が加わっている。地図を活用する際の目的を意識させることによって、単に地図を読むという学習より以上に環境上の事物の認識を促し得ると考えられる。また、最も早い経路、最も安全な経路を決定することは、普段目にしていてもあまり意識していない、道路を取り巻く環境要素を意識的に見つめさせることになる。課題の中では地図を描くことは要求していないが、地図を描いたり、すでにある地図を用いたりすることになるだろう。

"Invisimap"は目に見えないモノを図で表すという抽象的な課題である。

私たちの身のまわりには、目には見えないが「それが存在している」と感じられるものがたくさんある。見えないものは環境として認識しにくいが、例え

(24)	Invisimap 〈地図化〉
【活動】	外へ出て、見ることのできないものを地図化しなさい
【発展】	○地図とは何か。 ○社会における相互作用、感じ、態度を地図化してみなさい。 ○あなたが地図に描いたものを測りなさい。 ○あなたの地図をポスターにしなさい。 ○見ることのできないものを地図化する方法を創り出しなさい。 ○家でこの課題を繰り返しなさい。
【教師へ】	教師もこの課題に取り組むなら最高に良い。もしあなたが楽しいならそれを表現しなさい。
〔概要〕	見えないものを地図で表す
〔解決例〕	○校舎間を吹く風の流れを数カ所に吹き流しを立てて調べ、地図化する。 ○お金の動きを図にする。 ○郵便物の動きを図にする。 ○クラス内の人間関係を図にする。
〔解説〕	身の回りには、目には見えないが「それが存在している」と感じられるものがたくさんある。物と物の相互作用や人と人の相互作用はその典型であろう。そういった相互作用の位置関係や方向性、流れ等を図で表現することで、学習者は身近な環境を何かと何かのかかわりという観点からとらえ、その中に自分を位置づけることができる。また、目に見えないが存在すると考えられる物をなんらかの方法で目に見えるようにして把握する（例えば風）という手法についても学習することができる。

ば気温や湿度、日当たり、風などは身近に存在している。社会的・心理的な相互作用や態様等も存在しており、環境を構成している重要な一部である。物と物の相互作用や人と人の相互作用はその典型であろう。このように目に見えないモノの存在を目に見える証拠から明らかにし、その存在やパターンを認識することは、日常生活上も必要であり、環境を豊かにとらえることにもつながる。また、目に見えないが存在すると考えられるモノをなんらかの方法で目に見えるようにして把握する（例えば風）手法についても学習することができる。

この活動課題の解決例としては、例えば「校舎間を吹く風の流れを数カ所に吹き流しを立てて調べ、地図化する」「お金の動きを図にする」「郵便物の動きを図にする」「クラス内の人間関係を図にする」などが考えられる。

ただし、【教師へ】にも書かれているが、この課題は一見解決不可能のようにも感じられるので、学習者に解決の糸口をつかませる意味で、共同学習者としての教師の役割が重要である。

(4) 〈評価〉のカード

〈評価〉のユニットは、環境の質（変化、事物、位置関係など）が自分とどのようにかかわっているのか、自分にとってどのような価値をもっているのかを考えさせることをねらっている。いわば環境に関する知識、感性に裏打ちされた判断・価値観の明確化というような活動である。これは他の3つのユニットで認識した環境の質を自分とのかかわりという面から考えてみるという他のユニットの上に乗るような、やや高次のユニットと考えられる。

〈評価〉のユニットに属すると考えられるカードは、パケット1・2ともに8枚の計16枚である。各カードのタイトルと活動課題を表3-7に示す。

具体例として"How old"と"Simili sound"を紹介する。

"How old"は、最も新しい（若い）もの、最も古い（年を取った）ものを見つける活動である。何が新しく（若く）、何が古い（年を取っている）かを決定するためには、環境の変化を認識している必要があるので、この課題は〈変化〉のユニットを土台とした、もしくは〈変化〉との境界に位置するような課題であると考えられる。

表3-7 〈評価〉に属するカードの活動課題

タイトル	【活動】
(35) Author 1	どんな写真でもよいので無作為に10枚集めなさい。古い写真箱からでも、雑誌からでもよい。10枚の写真すべてを含むような1つのお話しを書くか、話すかしなさい。
(36) How old	学校の内外で、最も新しい（若い）ものと最も古い（年を取った）ものを見つけなさい。
(37) Joy	外へ出て、あなたの環境において喜びを見つけなさい。
(38) Kiteflight	外へ出て、凧を作るための材料を見つけなさい。そして凧を作りなさい。ただし、何も買ってはいけない。
(39) Opposites	対義語のリストを作りなさい。外へ出て、対義語を表している環境物を見つけなさい。
(40) Soundsearch	テープレコーダーを持って外へ出なさい。あなたが好きな音と好きでない音を見つけ、持ち帰りなさい。朝・昼・夜の音を見つけ、持ち帰りなさい。
(41) The happening	外へ出て、何かが自然に起こっていることのはっきりした証拠を見つけなさい。
(42) T…t… touching	小グループを作り、目隠しをしなさい。そして、さまざまなものを順に回して触りなさい。触った感じを伝えなさい。
(43) Commercial yours	いくつかの環境物のためのコマーシャルを作りなさい。あなたが選んだメディアならどんなものでも使いなさい。それをクラスで紹介しなさい。
(44) Dislike	教室の中や学校の中で、あなたが本当に嫌いなものを見つけなさい。それを変えるために何ができるか考えなさい。
(45) Invent	次のもののいくつかを発明しなさい。裏返しの色の本、言語、飛ぶ石、何かがそこで生きているような環境、卵の入れ物（というのは、卵は上から落ちると割れるから）、新しい計算体系、雲の製造器、あなたが欲しいもしくは必要とする何か。
(46) Love hate	外へ出て、あなたが愛するものと憎むものを見つけなさい。
(47) Meta 4 one	数日外へ出て、次の単語のペアーを関係づけなさい。「ゴミ箱はどのくらい胃と似ているか」「子どもはどのくらい数字と似ているか」「一生はどのくらい言葉と似ているか」「学校はどのくらいスーパーマーケットと似ているか」「学校はどのくらい芝生と似ているか」「時間はどのくらい空腹と似ているか」「愛はどのくらい噴水と似ているか」。もしあなたが、よりあいまいな課題を望むなら次のことに取り組みなさい。あなた自身が1つの単語を選び、外へ出て、できる限りの方法でその隠喩（メタファー）を見つけなさい。
(48) Meta 4 three	あなたの環境からありふれたものを取りなさい。それらの新しい使い方を発明し、演示しなさい。
(49) Simili sound	あなたに次のような感じを起こさせる音を見つけ、持ち帰りなさい。怒り、悲しみ、美しさ、心配、幸せ、不愉快など。
(50) Your thing do it!	外へ出て、あなたが本当にやりたいことをやりなさい。

(36)	How old 〈評価〉
【活動】	学校の内外で、最も新しい（若い）ものと最も古い（年を取った）ものを見つけなさい。
【発展】	○人びとが見つけたものを年の順に並べなさい。 ○どのようにして年齢を決めますか。 ○新しい（若い）もの、古い（年を取った）ものについて、あなたはどのように感じますか。 ○たいへん古い（年を取った）ものとたいへん新しい（若い）もののコラージュを作りなさい。 ○新しい（若い）、古い（年を取った）という言葉を用いないで、新しい（若い）状態、古い（年を取った）状態を述べなさい。
【教師へ】	この課題における唯一の混乱は、生徒が学校の周りを走り回ることである。それは安全な環境を要求する。この課題はすべての歴史的発達に近づく１つの良い方法である。絶対的な時間と相対的な時間の関係に注意しなさい。
〔概要〕	新しい（若い）もの・古い（年を取った）ものを見つける
〔解決例〕	○（新しい）最も新しい校舎―（古い）最も古くからある校舎 ○（新しい）新入生―（古い）最年長の教師 ○（新しい）最近生まれたペット―（古い）昔から飼っているペット
〔解説〕	何が新しく（若く）て、何が古い（年を取っている）かを決めることはその物の変化の段階を認識することである。変化の前（新しい状態）と変化の後（古い状態）とは、他の中間的な段階よりも見つけやすいので、そのような認識を生み出すのに有効であると考えられる。この課題で学習者は身近な環境事物を時間的な変化という面から認識し、その時間的（年代的、年齢的）な位置を判断することを学ぶ。この課題は変化を土台としていると考えられるので、〈変化〉のユニットに属する課題をいくつか行った後に用いる方が良いであろう。

　この活動課題の解決例としては、例えば「（新しい）最も新しい校舎―（古い）最も古くからある校舎」「（新しい）新入生―（古い）最年長の教師」「（新しい）最近生まれたペット―（古い）昔から飼っているペット」などが考えられる。

　何が新しく（若く）て、何が古い（年を取っている）かをとらえようとすることは、環境を時間的な流れの一断面としてとらえ、時間的前後関係とその判断基準を意識させることに役立つ。このような時間的前後関係を把握した上で環境に接することは大切である。例えば、古くなった道具を新品の道具と同じように扱うと、道具を早くつぶしてしまったりする。幼いネコに老いたネコと同じエサをやったのでは成長を阻害することになったりする。〈変化〉のユ

ニットに属する課題は、変化を追いかけていくという傾向があるのに対して、この課題は身近にある物の中に時間的な流れを見いだすというような活動内容をもっていると言える。その意味で、この課題は〈変化〉のユニットを土台とした、もしくは〈変化〉との境界に位置するような課題であると考えられる。

"Simili sound"は音を取り上げた課題である。この課題では道具としてテープレコーダー等の録音機材が必要となる。学習者は録音機材を持って歩き回り、さまざまな感情を起こす音を探す。この課題は"How old"とは異なり、〈地図化〉のユニットを土台としていると考えられる。

この活動課題の解決例としては、例えば「映画やテレビ番組などの効果音」

(49)	Simili sound 〈評価〉
【活動】	あなたに次のような感じを起こす音を見つけ、持ち帰りなさい。怒り、悲しみ、美しさ、心配、幸せ、不愉快など。
【発展】	○感情の代わりに色を用いなさい（赤を思わせる音など）。 ○いくつかのあなた自身の単語で感情を表してみなさい。 ○音は人びとの行動に影響を与えるためにどのように使われているか。 ○あなたが怒りや悲しみなどを感じる音にはどのようなものがあるか。 ○感情を作るような数字を見つけなさい。 ○あなたが集めた音から音楽を作りなさい。 ○あなたにいくつかの感情を感じさせるような芸術作品を作りなさい。
【教師へ】	ここには生徒が価値判断を要求されるというもう1つの場合がある。生徒が彼らの価値体系をあなたに見せるとき、あなたの価値体系を彼らに押しつける口実としてこの課題を用いてはいけない。
〔概要〕	怒り、悲しみ、幸せ等のさまざまな感情を起こす音を見つけ収録する
〔解決例〕	○映画やテレビ番組などの効果音 ○運動会などのBGM
〔解説〕	音が私たちの感情やフィーリングに与える影響は大きい。それが悪い方向に行くと騒音問題となるが、音を意識的に利用するとさまざまな雰囲気を創り出すことができる。しかし音は一時的であとに残らず、目にも見えないので、環境として認識されにくい。音は重要な環境要素であり、ある場所やある活動の特徴を示していることが多い。私たちの日常生活やフィーリングは音によってかなりの影響を受けている。この活動で学習者は身近な環境における音の存在とその音が自分の感情や生活習慣に与える影響を認識する。このことは音の価値を判断し、音という側面からの環境整備、環境保全を考えていく基礎となるだろう。この課題はSoundsearchと関連が深い。この課題を行うためにはテープレコーダー等の録音機材が必要である。

「運動会などのバック・グラウンド・ミュージック (BGM)」などが考えられる。

　私たちの身のまわりで生じているさまざまな音も立派な環境であり、それが私たちの生活習慣や感情、気分に与える影響には多大なものがある。しかし音は目に見えないだけでなく、一時的なものであるので、騒音やBGMのような恒常的な音でない限り、環境として認識されにくく、その影響もその時限りで忘れ去られてしまうことが多い。けれども、学校で聞こえる音、駅で聞こえる音、野山で聞こえる音にはそれぞれ特徴とパターンがあり、それらがその場所の雰囲気を創り出し、私たちの生活習慣などを左右したりしている。この課題は、そのような音の特徴やパターン把握の上に、それぞれの音が自分に与える影響を意識させ、自分にとってのそれぞれの音の価値を考えさせようとしていると言える。音が感情や気分に与える影響は、映画の効果音や運動会のBGMなどで利用されている。

　以上、簡単に各ユニットに属するカードの例を紹介した。この他、恩藤知典 (1981) [8]、恩藤知典 (1991) [9]、市川智史 (1988) [25]、市川智史 (1989) [26] において、"Live change" "Predator and prey" "Predict" "Time time again" "Knowcount" "No count" "From here to There" "Invisimap" "People paths" "Submap" "Feeling good bad" "Treasurehunt" "How old" "Opposites" "T…t… touching" のカードが紹介されている。

第4章 「環境経験学習」から「指示書方式」へ

1.「環境経験学習」プロジェクトからの示唆

　すでに述べたように、「環境経験学習」プロジェクトは、前提として「すべての生徒は環境の中にいる」、「生徒はその環境から学ぶことができる」の2つを挙げている[17]。また、「人間の心が、身近な環境を、それが当たり前であるという形にパターン化してしまいがちである」ために身近な環境の学習は難しいと述べ、「私たちは、身のまわりの環境を当たり前であると思うことで、学習の完全な舞台となる最も身近な資源を無視している。それゆえ、ESの仕事は、生徒がこの資源を使用し得るような指導の戦術と戦略を作ることである」と述べている[17]。さらに「すべての人間環境は都市中心部も含めて豊かであり、すべての生徒には、自分に最もよく合うやり方で学習する潜在能力があると考えている」とも述べている[17]。
　ここには、私たちが、日常目にする環境を「当たり前」ととらえてしまう、いわば「見れども見えずの状態」に陥ってしまうために環境の豊かさをとらえられず、環境を学ぶこともできないという指摘と同時に、学習者を「見れども見えずの状態」から「見える状態」へ導こうという「環境経験学習」プロジェクトの考えが示されていると言うことができる。
　また、「変化の証拠を探す」というようなあいまいな課題を提示することで、特定の何かを探し、見つけるという行為をさせるだけはなく、身のまわりの環境に対する「気づき」を育むとともに、「変化ってなんだろう」「変化の証拠ってどういうものだろう」と考えさせ、環境に対する見方・考え方を深めさせ

ている。このアプローチは、「見れども見えず」の状態から「見える」状態へ導く（「気づき」を育む）という意味では、例えば、あさがおの変化を観察しましょう、ウサギの様子を観察しましょうといったような対象を限定するアプローチよりも優れていると考えられる。

　持続可能な社会の実現に向けて、一人ひとりの意識と行動を変えていくことをめざしている今日の環境教育においては、その基盤として、環境に直接接するという体験を大切にし、その体験を通じて環境の状態や変化に「気づく」力を育てることが重要であると筆者は考えている。それゆえ今後の環境教育プログラム開発に向けて、筆者は「環境経験学習」プロジェクトの理論と教材から、大きく次の2点の有益な示唆を得た。

① 児童・生徒の興味関心を生かしながら身のまわりの環境に直面させ、「見れども見えず」の状態から「見える」状態へと導く（「気づき」を育む）ための考え方や具体的な手だて
② 学習過程・内容を児童・生徒自身が意思決定をして学んでいくことを通じて、環境に対する見方・考え方を深め、自主性・主体性を育んでいくための考え方や具体的な手だて

　これら2点を大切にしながら、具体的な形式として「指示書方式」プログラムというものを考えた。

2.「指示書方式」プログラム

　「環境経験学習」プロジェクトは、課題カードと称するカード形式の教材を開発したが、学習活動の課題を提示するという点では、カードでなくてもプリントの形式でも可能である。教師自身がプログラムを作成するという点からすれば、学習活動課題やまとめ方を記した児童・生徒用プリントの方が作りやすいであろう。そこで筆者は、「環境経験学習」プロジェクトの理論と教材か

ら学ぶとともに、プリントで学習課題を提示する環境教育手法を考え、それを「指示書方式」プログラムと名付けた。

「指示書方式」プログラムは、学習活動課題を記したプリント（指示書）と、活動場所や経路等を記した地図、まとめやメモのためのプリントを配布・説明し、学習を進めるという単純なものである。活動場所や経路等の指定方法、学習活動課題の提示方法に応じて、いくつかのタイプに分けることができる。

まず活動場所の指定方法に関して、地図上に小区域（活動ポイント）を図示する等の方法で指定するタイプと、公園の中とか、中庭、運動場といったように一定の範囲（活動エリア）を指定するタイプの大きく2つに分けられる。

次に移動の順序に関して、「活動ポイント①から⑤を番号順に回りなさい」というように指定するタイプ（番号・記号順）、活動ポイント①での学習活動課題を終えた時、その場で「次は活動ポイント④へ行きなさい」というように指定するタイプ（スクランブル）、そして活動ポイントの移動順序をまったく指定しないタイプ（自由）の3つに分けられる。

さらに学習活動課題の提示方法に関して、学習に取り組む際にすべての学習活動課題を一括して提示・説明するタイプ（一括提示）と、1つ（または複数）の課題を終えたときに次の課題を提示するタイプ（逐次提示）の2つに分けられる。

これらは理論上12（「活動場所」2タイプ×「移動順序」3タイプ×「課題提示」2タイプ）に分けられることになるが、現実的に想定できないものも含まれている。たとえば、活動場所として一定の範囲（活動エリア）を指定するタイプでは、範囲内を自由に移動してよいので、移動順序を指定するタイプは想定できない。こうしたことを勘案すると、表4-1の6つのタイプに整理できる。

活動場所として地図上に小区域（活動ポイント）を図示し、番号・記号順に移動して課題に取り組むタイプはウォークラリーと似ている。最初に配布するのは地図（＋ノートやメモ）で活動ポイント①に到着したときにそこでの課題を提示する方法（逐次提示）と、最初に地図と各ポイントでの課題を提示する

表4-1 「指示書方式」のタイプ

活動場所	移動順序	課題提示	備　考
小区域 (活動ポイント)	番号・記号順	逐次	ウォークラリー
		一括	
	スクランブル	逐次	アドベンチャーゲーム
	自由	逐次	謎解きゲーム・スタンプラリー
		一括	
一定範囲 (活動エリア)	自由	一括	宝探しゲーム

方法（一括提示）の2つが考えられる。

　小区域（活動ポイント）の移動順序を番号・記号順で指定するのではなく、課題をやり終えたときに次の活動ポイントを指定する（スクランブル）タイプは、アドベンチャーゲーム（コンピュータゲームなどでよく見られる）と似ている。このタイプの場合、最初に各ポイントでの課題を提示（一括提示）してしまうと冒険的な楽しさが薄れてしまい現実的ではないので、逐次提示が基本となる。

　小区域（活動ポイント）だけを指定して、活動ポイントの回り方（移動順序）は自由とするタイプがあり得る。このタイプは、全ポイントでの活動をやり終えると「ある謎」が解けるといったような謎解きゲームやスタンプラリーと似ている。課題提示の方法としては、逐次提示と一括提示の両方が考えられる。

　公園の中とか、中庭、運動場といったように一定の範囲（活動エリア）を指定するタイプは、与えられた時間内で活動エリア内を自由に動き回り、学習活動課題に取り組むもので、提示された「お宝」を探し出す宝探しゲームと似ている。「環境経験学習」プロジェクトの教材では「外へ出て」と書かれているが、その出かける「外」の範囲を限定するやり方であるとも言える。

　小区域（活動ポイント）を指定するタイプの場合は活動場所を移動するため、全体の状況把握・安全管理が必要となるので、ある程度の人数の指導者や補助者が必要となってくる。どちらかと言えば、全校活動、宿泊体験・校外学習等の学校全体や学年単位等で校外へ出かけて活動する場合に向いていると言

表 4-2 一定範囲タイプと小区域タイプの比較

	一定範囲（活動エリア）タイプ	小区域（活動ポイント）タイプ
方法	校庭、中庭、公園などの一定範囲内で、学習活動課題に取り組む	活動ポイントを移動し、学習活動課題に取り組む
指導者補助者	指導者・補助者が少なくても実践可能（担任教員1名でも可能）	活動ポイントの数や移動経路の安全性に応じた人数の指導者・補助者が必要
場面	総合の時間、各教科、学活等の通常の授業等（全校活動、宿泊体験・校外学習等でも可能）	指導者・補助者が揃えられる全校活動、宿泊体験・校外学習等（通常の授業等でも補助者が揃えば可能）

える。それに対して一定範囲（活動エリア）を指定するタイプは、公園で「ここから見える範囲」とし、その範囲を示した地図を配るといったように、指導者が把握できる程度の広さに活動範囲を限定できるので、指導者や補助者が少なくても利用できる。通常の授業のように、教師が担当学級を1人で指導し、学校内で活動するような場合に向いていると言える（表4-2）。

「指示書方式」プログラムという新しい手法を提案するというほどのことではないものの、「指示書方式」プログラムという視点（プログラムの形式）をもつことで、各学校や教師が自分たちの学校や地域、校外学習のフィールドなどに見合ったオリジナルのプログラムを作ることができると考えている。プロトタイプを1つ作れば、その後の実践によって修正・改良ができ、プログラムを増やすことができる。また、教師自身の地域素材発見能力を高めることにもつなげられる。学習活動課題を工夫することで、自然環境だけではなく、人工的な環境を取り上げたプログラムを作ることもできる。さらに、学習活動課題には、他地域でも利活用できる汎用性のあるものが考えられ、お互いの参考にできるであろう。

3. 萌芽的プログラム

　「指示書方式」プログラムの最も初期的なものは、1998年7月19日（日）～20日（月）（1泊2日）の「徳島こども環境探検隊の旅」用に作成した「山川少年自然の家環境探検」プログラムである。この当時は「指示書方式」という考えはなく、五感を使って自然に親しむ活動を取り入れたウォークラリー形式のプログラムと考えていた。このプログラムの作成においては、ネイチャーゲームの手法と、1997年3月28日実施の「こどもエコクラブ全国フェスティバル」での「ウォークラリー in 川口」（埼玉県川口市）の手法を参考にした[27]。

　「徳島こども環境探検隊の旅」は、徳島県環境政策課が県内のこどもエコクラブの交流を図るため、1997（平成9）年度から1999（平成11）年度まで、毎年1回（計3回）、1泊2日で実施した事業である。筆者はこの事業に3回とも指導者としてかかわった。1998年は2回目で、前年の経験を踏まえて、何か独自のプログラムを作成しようということになり、「山川少年自然の家環境探検」プログラムを作成したものである。

　徳島県内には、1998年6月当時、33のこどもエコクラブがあり、619人の会員がいた。これらに参加を呼びかけた結果、8クラブ、48人の小・中学生と、18人の大人（サポーター、スタッフを含む）、計66人が参加した。1泊2日の行程は、朝、徳島県庁に集合、挨拶等のあとバスに乗車して、徳島市西部環境事業所の見学、穴吹川での水棲昆虫観察を経て、午後に徳島県立山川少年自然の家へ入所した（山川少年自然の家は2005年に閉鎖された）。

　計画では、午後3時から参加クラブの紹介をして、「山川少年自然の家環境探検」プログラムを行う予定であった。しかしながら天候が悪く、穴吹川では小雨程度だった雨が、山川少年自然の家に着く頃には本降りとなったため、プログラムを実施することができなかった。雨のため「山川少年自然の家環境探検」プログラムは、まぼろしのプログラムとなったが、これが「指示書方式」というプログラム形式の契機となった。実践はできなかったが、「指示書方式」の萌芽的プログラムであるので、指示書と地図を掲載しておく。

山川少年自然の家環境探検　指令書

〈心得〉
その１　みんなでやろう！
　グループぜんいんでしれいにチャレンジしよう。じぶんがみつけたことはみんなにおしえてあげよう。

その２　じっくりやろう！
　はやくやることがたいせつなのではない。じっくりと、目やからだをつかって、しれいにチャレンジしよう。

その３　なかよくやろう！
　グループみんなが探検隊。なかよく、たのしくやろう。ひとをたたいたり、おしたりしないように。

その４　しぜんをたいせつにしよう！
　しれいしょにかいていないことで、くさをちぎったり、木のえだをおったりしないようにしよう。

その５　危ないことはやめよう！
　ハチにさされたり、まむしにかまれたりしたらたいへんです。ハチがとんできたらどこかへとんでいくまで、じっとしてうごかないようにしよう。くさむらにはあまりはいらないようにきをつけよう。

〈やり方〉
○ふうとうのなかに、地図があります。地図に①から⑦までのばしょが書いてあります。
○いま、みんながいるのは体育館です。
○体育館を出て、グループごとに①から⑦のポイントをまわって、体育館にもどってきてください。
○①からじゅんばんにまわらなくてもかまいません。すきなじゅんにまわってください。
○どの道を歩いたかを、色えんぴつで、地図に矢印でかきこんでください。
○いちど通った道を２回とおってもかまいません。
○じかんは、今から１時間です。
○１時間の間に、①から⑦のポイントをまわって、指令書にかいてあることをやってください。
○班長さんは、指令書に書いてあることをグループのみんなに説明して、みんなでやってください。

指令1（ポイント①）：遠くを見るべし！

　近くの山から遠くの山までの間に、送電線（電気を運ぶ電線）の鉄塔がたっています。さて、鉄塔はいくつみえますか？

　ひとりひとり、いくつみえたかを下の表に書いてください。みんなで相談して、グループでいくつみえたかを決めてください。

　メンバーの名前とみえた本数を書いてください。

名　前					
何本？					
名　前					
何本？					

　　グループで相談した結果：　　　　　　本です。

指令2（ポイント②）：なまえであそぶべし！

　木や草のところに名前を書いたプレートがついています。その中からグループでひとつ選んでください。

　ひとつ選んだら、その名前をスタートにして、生きもの（草や木、虫や動物など）の名前でしりとりを6つ作ってください。

（れい）
　　あじさい→いるか→かえで→でんでんむし→しか→かめ

下の箱の中にしりとりを書いてください。

→ ☐ → ☐ → ☐
→ ☐ → ☐ → ☐

指令3（ポイント③）：これをみつけるべし！

　封筒の中に、ピンク色の花、葉っぱ、とげとげの丸いもの、の3つがはいっています。この3つにかんけいのあるものをグループでひとつみつけてもってかえってきてください。

　1. ピンク色の花：この花が咲いている木の葉っぱを1枚。
　2. 葉　っ　ぱ：この葉っぱと同じ葉っぱを1枚。
　3. とげとげの丸いもの：この実がついている木の葉っぱを1枚。

指令４（ポイント④）：ちょっとやすむべし！
　トイレがありますから、おしっこをしたい人も、したくない人もトイレに入ってみてください。
　このトイレはきれいですか？自然の中にあるトイレです。もっとみんなが使いやすくて、きれいにするにはどうしたらいいか、思ったことをかいてください。

指令５（ポイント⑤）：あしでたんけんするべし！
　くつやくつしたをぬいで、みんなで、はだしでゆっくり歩きましょう。
　どんな感じがしましたか？ちくちくする場所、ぬるぬるする場所には何がありますか？感じたことを書いてください。

指令６（ポイント⑥）：木の太さをはかるべし！
　ちょっと太い『もみの木』があります。もみの木に両手でだきつきましょう。みんな１回はだきついてください。
　木のまわりが何センチくらいかを相談して決めてください。

　　グループで相談した結果：[　　　　　]センチくらいです。

指令７（ポイント⑦）：みみをすまして、おとをきくべし！
　グループで輪になって座りましょう。大人のひとに時計を見てもらって１分間、目をつぶってどんな音や声が聞こえるか、聞いてみましょう。
　音や声の主（あるじ）（鳥や虫の名前）を知っていたらそれも書いてください。
　ひとりひとつは書いてください。

　聞こえた音や声

指令８：体育館へもどるべし！
　１から７までの指令を全部やりおえたら、みんなでなかよく、体育館にもどってきてください。

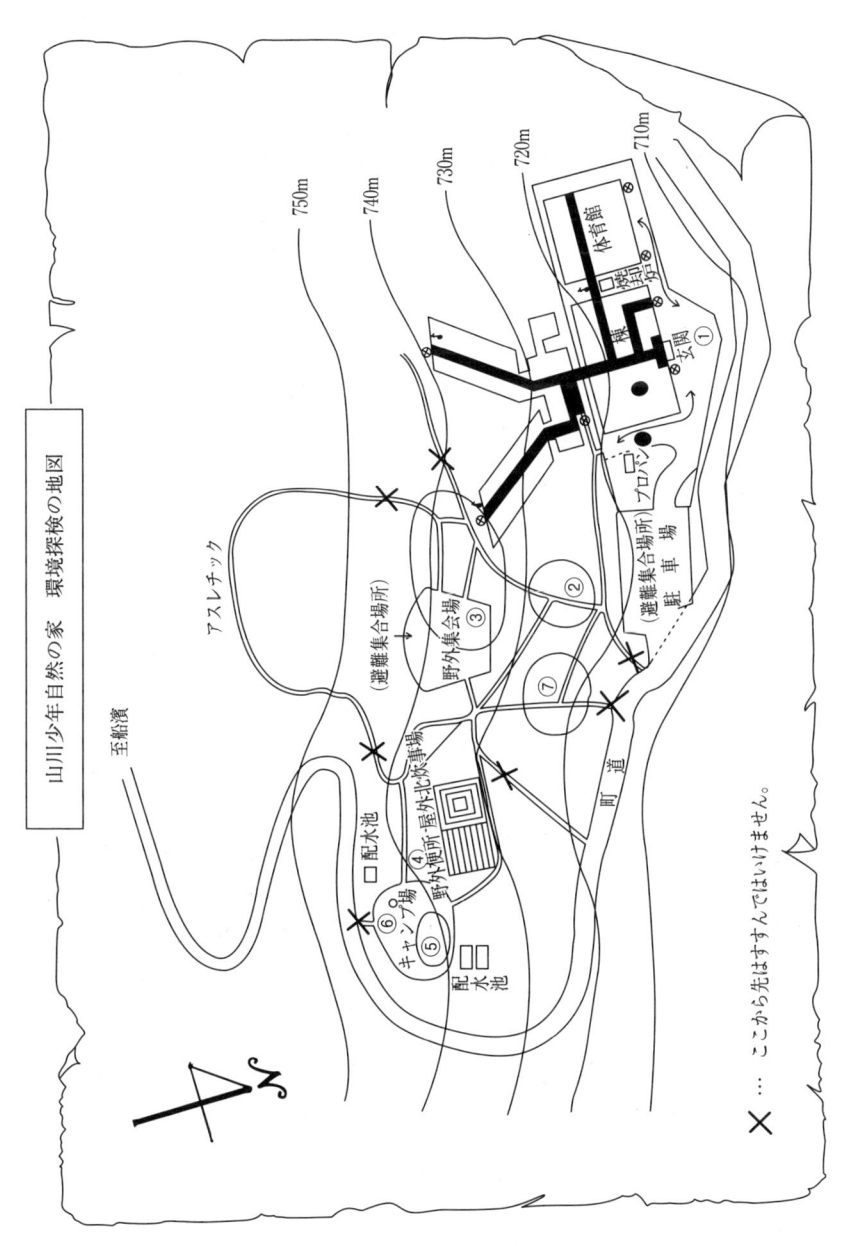

第 4 章 「環境経験学習」から「指示書方式」へ　49

第5章　小区域（活動ポイント）指定タイプ

　「山川少年自然の家環境探検」プログラムの当時は、「指示書方式」という考えはなく、五感を使って自然に親しむ活動を取り入れたウォークラリー形式のプログラムという程度であった。けれども、身近な環境に気づくこと、身のまわりの環境に直面させ「見れども見えず」の状態から「見える」状態へ導くことを大切にしたいという想いは常にもっていた。1999年に「指示書方式」とのネーミングを思いついたことにともない、徐々に具体的な形となった。「山川少年自然の家環境探検」プログラムが発端となったこともあって、小区域（活動ポイント）指定タイプのプログラム開発からスタートした。

　小区域（活動ポイント）指定タイプは、活動ポイントを移動しながら、各ポイントでの学習活動課題に取り組むものである。ポイントを移動していく楽しさや、各課題に適切な場所を指定することができるというメリットがある反面、指導者・補助者等の複数のスタッフが必要となる。特に学習活動課題を逐次提示するタイプの場合は、各活動ポイントに最低1名はスタッフがいなければ実践困難である。また、学習者の人数が多い場合には、移動経路の指定に工夫が必要となる（グループごとに移動順を変える、スタートの時間をずらす、経路を自由とするといった工夫）。

　以下では、こうした実践上の条件に応じて移動経路を自由にした例と、指定方法を工夫した例を紹介する。

1.「学内環境探検」プログラム

1999年4月に滋賀大学教育学部(環境教育湖沼実習センター)に着任した筆者は、当時存在した「情報科学課程」(いわゆるゼロ免課程)の選択必修科目「環境教育」を分担で担当することとなった。この「環境教育」の講義で実践できるプログラムの作成に取り組み、プログラムの形式を「指示書方式」とネーミングした[28]。

キャンパスという学生にとって身近な環境を素材として、「見れども見えず」の状態から「見える」状態へ導き、身近な環境に気づく目を育てたいと考えた。そこで次の3つの観点を基本としてプログラムの作成を行った。

① 身近に存在する環境上の事物・現象そのものを素材とすること。
② 自らの五感を使わせること。
③ グループで行動し、自らの感じたことや気づいたことを互いに交流させること。

本プログラムは、1999年7月8日(木)、第1時限の講義「環境教育」において実践した。受講生は31人で、5人または6人の6班で体験を行った。

封筒には指令書(指示書)、体験ポイントを記した地図、写真A〜D各1枚、ギンナン1個を入れた。写真は指令ウ〜カで使用し、ギンナンは指令イで使用するものである。

封筒の中身を確認した後、「心得」と「やり方」を読み上げ、集合時刻を決めた。「心得」は「山川自然の家環境体験」プログラムで用いたものと同様である。ポイントを回る順序は指定せず、各班の考えに任せたが、ポイント①を除いて同じ方向にあるため(地図参照)、ほとんどの班が講義棟から遠くにあるポイント③、④から活動を始め、ポイント①(指令ア)を最後にしていた。

指令アは、駐車場の車の数を数えるという単純な作業であるが、仮に駐車しているすべての車が5分間エンジンをかけた(アイドリング状態)とするとど

滋賀大学教育学部学内環境探検　指令書

〈心　得〉
その１　みんなでやろう！
　グループ全員で指令にチャレンジしよう。自分が見つけたことはみんなに教えてあげよう。
その２　じっくりやろう！
　早くやることが大切なのではない。じっくりと、目や身体を使って、指令にチャレンジしよう。
その３　仲良くやろう！
　グループみんなが探検隊。仲良く、楽しくやろう。他人をたたいたり、押したりしないように。
その４　自然を大切にしよう！
　指令書に書いていないことで、草をちぎったり、木の枝を折ったりしないようにしよう。
その５　危ないことはやめよう！
　ハチにさされたり、まむしにかまれたりしたらたいへんです。ハチが飛んできたらどこかへ飛んで行くまで、じっとして動かないようにしよう。草むらにはあまり入らないように気をつけよう。

〈やり方〉
○封筒の中に地図と写真があります。地図に①から⑥までの場所（ポイント）が書いてあります。
○今、みんながいるのが講義棟１階の視聴覚教室です。
○視聴覚教室を出て、グループごとに６つのポイントを回って、視聴覚教室に戻ってきてください。回る順番は自由です。①から順番に回らなくてもかまいません。
○時間は今から40分くらいです。　　時　　分頃には戻ってきてください。
○地図と写真を使ってポイントを探し、各ポイントで指令書に書いてあることをやってください。
○必ずグループで一緒に移動し、一緒に探検してください。
○指令書（個人用）の〔　〕欄を使って、自分の見たこと、感じたことを記録しておいてください。
○視聴覚教室に戻ってから、各グループの班長さんを中心にして感想を話し合いながら、指令書（グループ用）を記入してください。

指令ア（ポイント１）自動車の数を数えよう！

　この駐車場に、今、駐車してある自動車の数を数えなさい。車種（乗用車か軽自動車かトラックかなど）は問いません。〔　　　　〕台

〈視聴覚教室に戻ってから次の指令をやってください〉
　駐車してある自動車すべてをガソリン乗用車と仮定して、これらの自動車すべてが、アイドリング状態で５分間に排出する二酸化炭素の量を、0℃、１気圧の標準状態の体積に換算したとき、何立方メートルになるかを計算しなさい。
　ヒント：乗用車（ガソリン車）のアイドリング10分間あたりの二酸化炭素排出量（炭素換算）は90グラムです。

指令イ（ポイント２）木の太さを測ろう！

　封筒に入っている実のなっている木を見つけなさい。その木に両手で抱きつきなさい。どんな感じがしましたか。そして木の太さ（胸の高さの木の周りの長さ）を自分の体を使って測りなさい。
　ヒント：両手を広げた時の右手の先から左手の先までの長さは、自分の身長に近い。
抱きついた感じ〔　　　　　　　　　　　　　　　　　　　　　　　　〕
木の太さはおよそ〔　　　　　　〕cm

指令ウ（ポイント２）地面の盛り上がりを考えよう！

　封筒の中の写真（A）に写っている木を見つけなさい。地面（ブロック）が盛り上がっている理由を考えなさい。
理由は〔　　　　　　　　　　　　　　　　　　　　　　　　　　　　〕

指令エ（ポイント３）風景を俳句で表現しよう！

　封筒の中の写真（B）に写っている場所を見つけなさい。その場所に近づいてみて、それがどのような風景を表現しようとしているかを想像しなさい。その場所から想像した風景を表現した俳句を作りなさい。（季語などは気にせずに、５・７・５で作ってください）
俳句〔　　　　　　　　　　　　　　　　　　　　　　　　　　　　　〕

指令オ（ポイント４）すんでいそうな生き物を想像しよう！

　封筒の中の写真（C）に写っているベンチを見つけなさい。ベンチの背後に写っている草の茂みにできる限り近寄りなさい。茂みの葉っぱを少しかき分けて、茂み

の中をのぞき込みなさい。その茂みの中にすんでいそうな生き物を、一人最低3種類あげなさい。
〔　　　　　　　　〕〔　　　　　　　　　〕〔　　　　　　　　　　　〕

指令カ（ポイント5）見えないものを想像しよう！
　封筒の中の写真（D）に写っている場所を見つけなさい。その写真を撮ったカメラマンになったつもりで、カメラマンが立ったと思われる地点に立ちなさい。そこからみえる草の生えていない地面をたどっていくと、その先に何があるかを予想しなさい。
予想〔　　　　　　　　　　　　　　　　　　　　　　　　　　　　　　〕
　地面をたどってみて、予想したとおりのものがあるかどうかを確認しなさい。
結果〔　　　　　　　　　　　　　　　　　　　　　　　　　　　　　　〕

指令キ（ポイント6）足の裏で感じてみよう！
　靴（＆靴下）を脱いで裸足になって、地図に赤で示した線をたどって歩きなさい。どんな感じがしたか感想を一言書きなさい。
感想〔　　　　　　　　　　　　　　　　　　　　　　　　　　　　　　〕

指令ク（ポイント6）心静かに耳をすまそう！
　ポイント6の庭のベンチ、あるいはベンチの近くに座りなさい。1分間くらい目を閉じて、どんな音や声が聞こえるか、静かに聞きなさい。どんな音や声が聞こえましたか？
聞こえた声や音〔　　　　　　　　　　　　　　　　　　　　　　　　　〕

指令ケ（ポイント6）人間の残しものを見つけよう！
　ベンチの周り（庭）で、人間が残していったものと思われるものを一人一つ拾って、封筒に入れて持ち帰りなさい。

のくらいの二酸化炭素を排出するかを計算させることによって、自動車が環境に対して与える負荷を考えさせようとした課題である。
　指令イは、封筒に入っているギンナンを見て、イチョウの木を探すことから始まる。イチョウは学校の校庭にも植えられている例が多く、その実がギンナンであることも知っていると考えた。イチョウの木を見つけ、両手で木に抱きついて木の周りの長さを測る活動であるが、長さを測ることにねらいがある

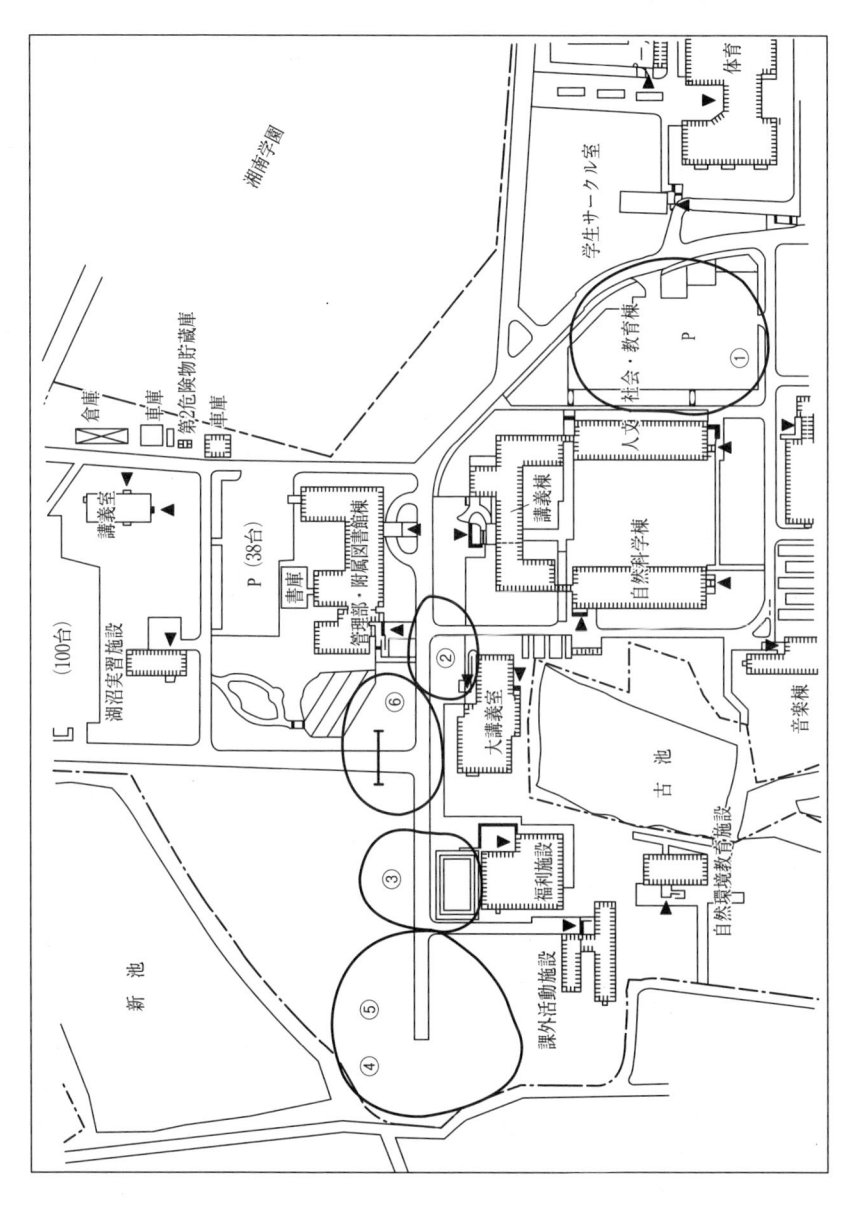

第5章 小区域（活動ポイント）指定タイプ 55

のではなく、木に抱きつくことで、木肌のざらざらした感じを身体で感じる（触覚）ことがねらいである。本来は、班のメンバー全員に木に抱きついてもらい、木肌を感じさせたかったが、ほとんどの班が誰か1人だけが抱きついて長さを測っていた。「長さを測る」という活動にしたことで、本来のねらいを達成できなかったようである。この課題は『ネイチャーゲーム』の「わたしの木」を参考に作成したものである[29]。

グループで相談しているところ　　　　指令イに取り組んでいるところ

　指令ウは、封筒に入っている写真Aを見て写っている木を見つけ、直接見えない地下の様子を想像し、見えないところの自然に気づかせる活動である。見えている木の根の方向に地面（ブロック）が盛り上がっていることから、見えない地下の様子を想像することができる。これは「環境経験学習」プロジェクトの「目に見えないものを地図化する」（Invisimap）、「地下にあるものを地図化する」（Submap）といった課題を参考に作成したものである。
　指令エは、写真Bの場所へ行き、その風景を俳句で表現する（季語は気にせず5・7・5で表現する）活動である。表現するために、その風景をよく見る、何かを感じる、気づくことをねらいとしている。これは、筆者自身が、山梨県にあるキープ協会で体験したプログラムを取り入れたものである[30]。
　指令オは、指令ウと少し似ているが、茂みをかき分けてみると住んでいる生き物を見ることができる点に違いがある。写真Cを見て写っている茂みを探す。ベンチを写してあるのですぐに茂みはわかる。この茂みは、キャンパスの端の方にあり、小さな茂みではあるがうっそうとした様子で、学生たちは普段、茂

第 5 章 小区域（活動ポイント）指定タイプ 57

写真A

写真B

写真C

写真D

みがあることさえ気づいていないようなものである。茂みの高さが学生たちの身長よりも低いので、上から少し葉をかき分けて中をのぞき込むことができる。こんなところに何が住んでいるのだろうと想像するだけでも、身近な自然に気づくことにつながると考えた。クモの巣がはびこっているので、クモが住んでいることは容易に想像できるが、それ以外は学生たちのイメージ次第である。

　指令カも、見えないものを想像する活動であるが、これは実際に見に行くことができる。まず写真Dを見て、写真を撮影したカメラマンの視線で周囲を眺め、写真を撮った時にカメラマンが立っていた場所を考える。そして、木に隠れて見えないところに何があるかを想像する。この写真に写っている草の生えていない地面（小道）がヒントである。地面に草の生えていないところ、つまり道ができているということは、人が通るということである。人が通るからには、その先には、出口（入口）があるだろうと想像できる。実際に小道を歩

いていくと、人（または自転車程度）が通れる小さな門がある（門の横にお地蔵さんがあるので、お地蔵さんと書いた班もあった）。これは「環境経験学習」プロジェクトの写真を用いた活動課題を参考に作成したものである。

指令キは、裸足で歩いて、足の裏の感覚を使って、地面を感じる活動である。私たちは普段、靴を履いて生活している。裸足で外を歩くことはほとんどなく、足の裏の感覚をなくしている。けれども、裸足で歩いてみると、草のやわらかさやチクチクした感じ、少しひんやりした感じ、アスファルト（夏場）の熱い感じ、コンクリートはそれより少しひんやりしているといったことを感じることができる。地図で歩くように指示した場所は、草地、アスファルト、コンクリートと3種類の異なる地面を感じることができるところである。地図には、草地から道路を渡ってコンクリートへ至るように線を引いておいたが、学生たちは靴を脱いで道路を渡っただけで、草地は歩かなかったようである。

指令カに取り組んでいるところ　　指令キに取り組んでいるところ

指令クは、耳（聴覚）を使う活動である。普段の生活の中で、1分間周りの音を聞くこともあまりないだろう。けれども、音を聞くことで、身のまわりの生き物の存在や人間の活動などに気づくことができる。この課題は『ネイチャーゲーム』の「音いくつ」、「サウンドマップ」を参考にしたものである[29]。

指令ケは、単純に言えばゴミ拾いであるが、「ゴミ」という言葉を使わずに「人間が残していったもの」として、「環境経験学習」プロジェクトの「課題のあいまいさ」を意識した。足跡といった答えもあるのだが、すべての班がゴミ、特に当時多かったタバコの吸い殻を拾っていた。

実践においては、各班が活動を始めたら、筆者は指示書通りの活動が展開されているかどうかを確認に出かけた。各班とも概ね指示書の指示を理解し活動をしていたが、7月の暑さの中、グループ全員で取り組むように指示されていても、数名だけが活動を行う様子が見られた。例えば木に抱きつく活動（指令イ）や、裸足で歩く活動（指令キ）で、そのような傾向が見られた。

　感想としては、「楽しかった」「いろいろ感じることができた」「身近な自然にふれられてよかった」というプラスの意見が見られたが、「暑かった」「しんどかった」「つかれた」「ねむかった」なども見られた。

　実践から感じられたプログラムの課題としては、活動時間（約40分）と活動数（活動ポイント数）の関係、夏という実践時期の問題、大学の1時限（90分）という時間的制約が挙げられる。特にこの実践では、時間的制約から、指示書を読み上げて個々の活動の説明をしなかったため、活動への動機づけが不十分であったことが反省点として挙げられる。またやはり時間的制約に起因するが、活動後に各班ごと、あるいは受講者全体で、「気づき」や「感じたこと」を交流し合う時間を持たなかった（持てなかった）ことも反省点である。

2.「滋賀大学環境体験」プログラム

　前述した「学内環境探検」プログラムを基にして、滋賀県環境教育研究協議会用のプログラムを作成、実践した[28]。プログラム作成の観点は、協議会が環境教育の教員研修を兼ねていることを勘案し、次の3点とした。

① 身近に存在する環境上の事物・現象そのものを素材とすること。
② 自らの五感を使うこと。
③ 小・中・高等学校における環境教育プログラム開発の参考となること。

　実践は1999年8月23日（月）の協議会全体会（15:10～16:30）において行った。この協議会には滋賀県内のすべての小・中・高等学校から教員が参加

するため、約280人という大人数になることがあらかじめわかっていた。そこで1班6人の計48班分の準備をした。班は受付名簿の番号順に振り分け、全体会までに参加者に提示しておき、封筒に1～48の番号を振って配布した。これだけの大人数になると、1つの活動ポイントに参加者が集中すると活動ができなくなるため、番号が偶数の班と奇数の班で活動ポイントを変え、さらに班ごとにポイントを回る順番を指定した。

　封筒には指令書（指示書）（6人分）、地図1枚を入れた。封筒の中身を確認した後、指令書（指示書）を「心得」「やり方」から順に読み上げ、各体験ポイントでの指示も読み上げた。活動時間は約40分とし、活動ポイントの数、学習活動課題の数を少なくして、時間内にすべての活動を行えるように配慮した。参加者はキャンパスになじみがないと考えたので、「学内環境探検」プログラムのような写真を用いた活動は盛り込まなかった。代わりに琵琶湖の水を用いて透視度を測る活動を盛り込んだ。

　指令Aは、「学内環境探検」プログラムで用いたものと同様であるが、ここでは「いわゆるゴミ」との言葉を括弧書きで付け加えた。付け加えなくても問題はないだろうとも思ったのだが、時間、人数の観点から、何を探すかを明確にしておく方がよいのではないかと考えた。

環境教育研究協議会　滋賀大学環境体験　指令書

〈心　得〉
その1　みんなでやろう！
　グループ全員で指令にチャレンジしよう。自分が見つけたことはみんなに教えてあげよう。
その2　じっくりやろう！
　早くやることが大切なのではない。じっくりと、目や身体を使って、指令にチャレンジしよう。
その3　仲良くやろう！
　グループみんなが探検隊。仲良く、楽しくやろう。他人をたたいたり、押したりしないように。
その4　自然を大切にしよう！
　指令書に書いていないことで、草をちぎったり、木の枝を折ったりしないように

しよう。
その5　危ないことはやめよう！
　ハチにさされたり、まむしにかまれたりしたらたいへんです。ハチが飛んできたらどこかへ飛んで行くまで、じっとして動かないようにしよう。草むらにはあまり入らないように気をつけよう。

〈やり方〉
○封筒の中に地図と写真があります。地図に奇数班は「1」〜「5」、偶数班は「あ」〜「お」の体験ポイントが記してあります。
○今、みんながいるのが大講義室です。
○封筒に書かれている「体験順序」の順番に体験ポイントを回り、それぞれのポイントで指令にしたがって環境体験を行ってください。
○指令はよく読んで、班長さんのリーダーシップで、グループで取り組んでください。
○それぞれ、指令書と鉛筆（書くもの）を持っていってください。班長さんは、指令書、鉛筆の他に、地図と封筒を持っていってください。
○まず、大講義室を出たところで、水入りのペットボトルを、各グループで1本持っていってください。
○時間は今から40分くらいです。16時10分頃には、まだ取り組んでいない指令が残っていても、大講義室に戻ってきてください。

グループのメンバー
　　（　　　　　　　）　　（　　　　　　　）
　　（　　　　　　　）　　（　　　　　　　）
　　（　　　　　　　）　　（　　　　　　　）

体験ポイント「1」（又は「あ」）　　落とし物をさがそう。
　《指令A》地図に記した体験ポイント1（又は「あ」）の範囲内で、人間が落としていった物（いわゆるゴミ）を見つけてください。グループで何か一つを拾って、封筒の中に入れて持ち帰ってください。

体験ポイント「2」（又は「い」）　　環境ビンゴに挑戦しよう。
　《指令B》地図に記した体験ポイント「2」（又は「い」）の範囲内で、下のビンゴカードに書いてあるものを見つけてください。見つけたものに○印を付けてくださ

い。縦、横、ななめのどれか一列がそろったらビンゴですので、次のポイントに進んでください。もし、時間的に余裕があれば、9つ全部見つかるまでやってみてください。

ちくちくするもの	風の音	クモの巣
ひび割れたもの	夏を感じるもの	アリ
生き物の声	赤（茶）色の葉っぱ	ざらざらするもの

体験ポイント「3」（又は「う」） 車の数を数えよう。
《指令D》地図に記した体験ポイント「3」（又は「う」）の駐車場に駐車してある車のおよその数を数えてください。車種（乗用車か軽自動車かトラックかなど）は問いません。

約〔　　　　〕台

駐車してある自動車すべてをガソリン乗用車と仮定して、これらの自動車すべてが、アイドリング状態で5分間に排出する二酸化炭素の量を、0℃、1気圧の標準状態の体積に換算したとき、何リットルになるかを計算してください。

ヒント：乗用車（ガソリン車）のアイドリング10分間あたりの二酸化炭素排出量（炭素換算）は90グラムです。炭素の原子量は12、酸素の原子量は16です。0℃、1気圧の標準状態では、1モルの気体の体積は22.4リットルです。
（計算）
　5分間のアイドリングで排出される二酸化炭素の体積は
〔　　　　　〕リットル

体験ポイント「4」（又は「え」） 木の太さを調べよう。
《指令C》地図に記した体験ポイント「4」（又は「え」）の範囲内にケヤキ（「え」ではスギ）の木が何本かあります。そのうち一番太い木に、グループのうち誰か一人代表で、両手で抱きついてください。どんな感じがしましたか。そして自分の体を使って、木の太さ（胸の高さの木の周りの長さ）を測ってください。抱きついた

ときの感想と、およその木の太さを書いてください。
　ヒント：両手を広げた時の右手の先から左手の先までの長さは、自分の身長に近い。

抱きついた感じ（一言）	木の太さ（cm）

体験ポイント「5」（又は「お」）　水の透視度を調べよう。
《指令E》大講義室前から持っていったペットボトルの中の水の透視度を測ってください。測り方は、体験ポイント「5」（又は「お」）の担当者の指示に従ってください。

透視度はおよそ〔　　　　　〕cm

　指令Bは、『ネイチャーゲーム』の「ネイチャービンゴ（フィールドビンゴ）」を取り入れたものである[31]。「ネイチャービンゴ（フィールドビンゴ）」では、縦、横、ななめの一列でビンゴとして終わりにするのではなく、すべてを見つけるようにするが、ここでは一列ビンゴでよいことにし、時間に余裕があればすべてを見つけることとした。これも、時間、人数の観点から簡略化したものである。
　指令Cは、「学内環境探検」プログラムと同じ課題であるが、これも各班で代表1人としたり、抱きつく木の種類を奇数班はケヤキ、偶数班はスギ（ヒ

活動風景（大講義室を出たところ）　　　指令Bに取り組んでいる様子

64

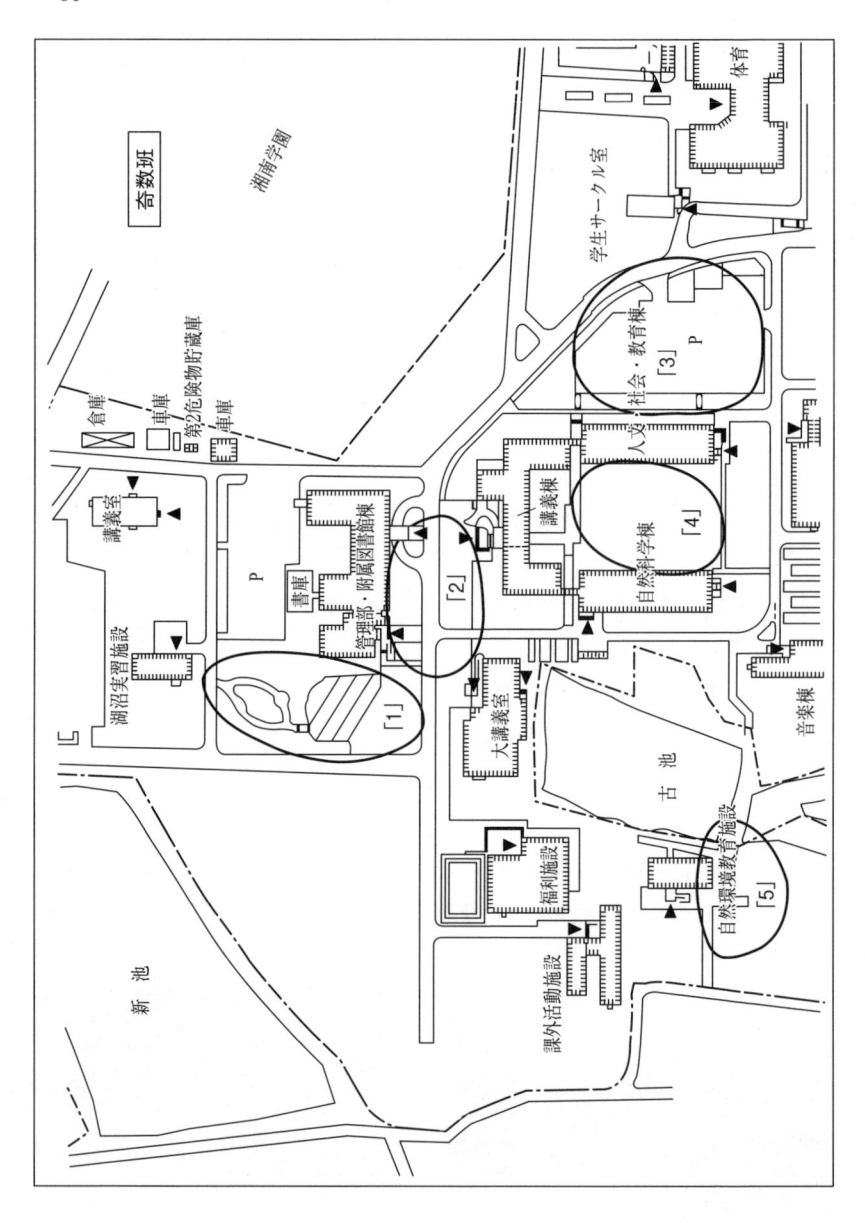

奇数班

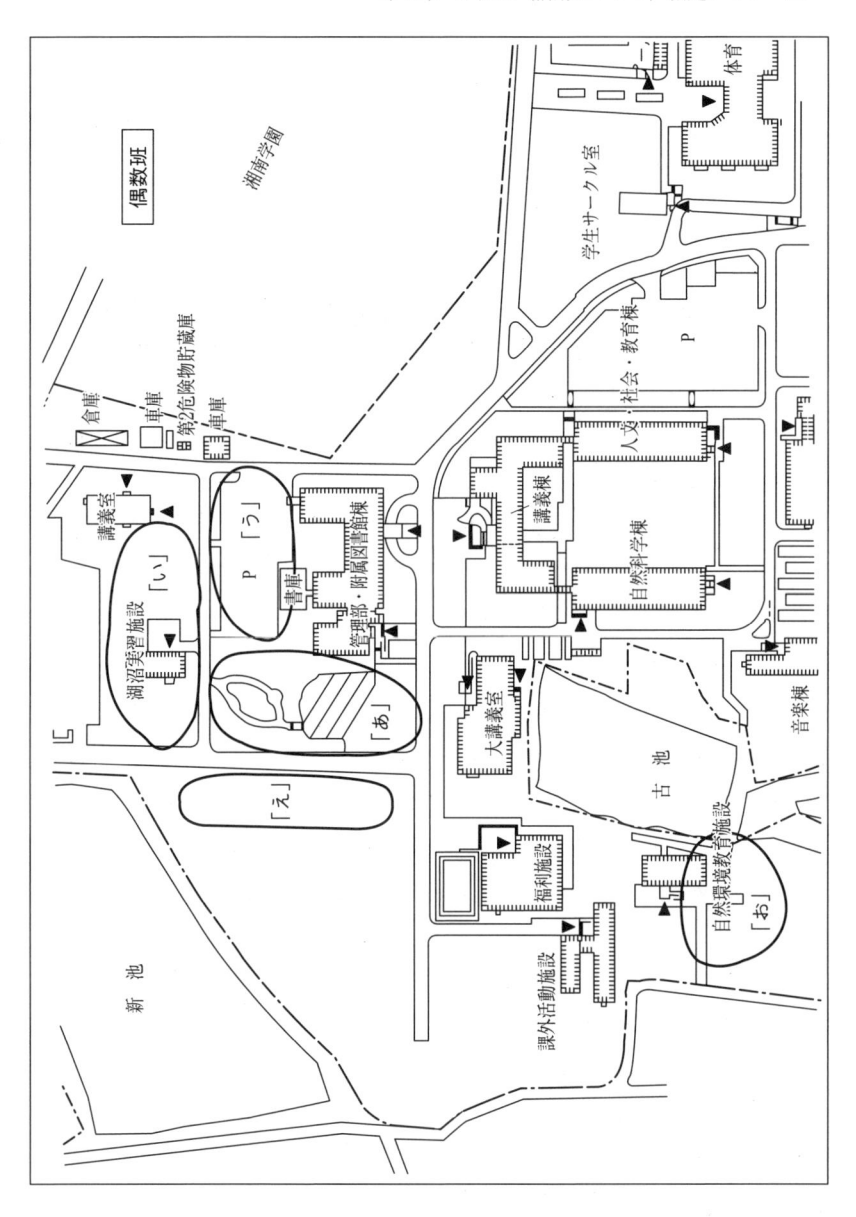

第5章 小区域（活動ポイント）指定タイプ 65

マラヤスギ）と指定したりしている点は、時間、人数の観点からの簡略化である。奇数班と偶数班で、抱きつく木の種類が異なるので、抱きついた感じには違いがある。

　指令Dも「学内環境探検」プログラムと同じ課題である。体積に換算するという計算は少々難しかったようである。

指令Cに取り組んでいる様子　　　　　　指令Eに取り組んでいる様子

　指令Eは琵琶湖の水の透視度を測る学習活動課題である。この課題は、キャンパスのフィールド特性とは直接関係しないが、滋賀県の地域特性として主要な水環境（琵琶湖）にかかわる活動を取り入れたものである。この時には、現職教員の大学院生（現職派遣）が事前準備、当日スタッフ等を引き受けてくれた他、学生・院生も手伝ってくれたので、事前の採水や透視度計の準備（手作りのものである）、体験ポイント「5」（又は「お」）での測り方の指導を担当してもらうことができた。

　この環境教育研究協議会は、教員研修としても位置づけられているので、体験終了後に各々の活動の意味を説明した。各班ごとの「気づき」や「感じたこと」の交流、全体での交流も行いたかったが、時間的制約、参加者数の多さのため、そうしたふりかえりの時間をとることができなかった。

3.「ほらそこに…… こんなものが」プログラム

筆者が開講している「環境学習プログラム開発論」（集中講義）において、2007年度に実践したプログラムを紹介する。この授業は夏休み中の集中講義であるが、その大部分は実習を取り入れている。そのため受講生数を最大30人程度に制限している。2007年度は8月16日（木）〜18日（土）の3日間、32人（5人（または6人）×6班）で授業を行った。授業全体のねらいは次の3点とした。

① 気づく目を培うことにかかわる参加体験型の環境学習アクティビティを体験的に学ぶ。
② 「ねらい」「対象者」「フィールド」等に見合ったプログラムを考案する力を身につける。
③ 学習者の前に立って、適切な説明・指導を行う力を身につける。

授業の構成は、1日目と2日目の午前中までは、参加体験型の学習に関する講義や安全管理に関する講義と参加体験型環境学習アクティビティの体験、2日目の午後は各班でプログラムを考案、3日目は考案したプログラムを他の班に対して指導、実践するというものであった。2日目（8月17日（金））の午前中に「ほらそこに…… こんなものが」と題する気づきを培うことをねらいとした「指示書方式」プログラムを実践した。

このプログラムは前述のプログラムとは若干異なり、屋外での体験活動とそれを室内で模造紙にまとめる活動、そしてまとめたものを発表する活動を組み合わせてある。活動時間は全体で90分間、移動経路は自由とした。配布物は「指示書」と地図だけである。「指示書」の説明に10分程度、屋外での活動に30〜45分程度、残りの時間で模造紙のまとめと発表を行った。

学習活動課題（1）は、「緑色の葉っぱ」と言っても、さまざまな「緑色」があることに気づかせる活動である。普段、目にしている「緑色の葉っぱ」に色

ほらそこに……　こんなものが

〈やり方〉
☆グループ全員でやること。グループで手分けしたり、誰か一人がやるのではありません。
☆じっくりと活動すること。早くやることが良いことではありません。
☆むやみに自然を傷つけたり、危ないことをしたりしないこと。
☆活動する順番はグループで決めること。第1ポイントから順番に行かなくてもかまいません。
☆みつけたもの、気づいたこと、考えたことなどはメモしておいて、教室で模造紙にまとめること。
☆模造紙には、グループ名とメンバー氏名を書いておくこと。

【第1ポイント（中庭）】
(1) 濃さの違う緑色の葉っぱを5枚集めて、薄い緑から濃い緑へ順番に並べよう。（教室へ葉っぱを持って帰って、模造紙に貼りなさい）

(2) 「あ」の札の木の幹には平行な線が2本付いている。周りの木には同じような線が付いているものと付いていないものがある。なぜ平行線が付いているのだろう。その理由を考えよう。

(3) 「い」の札の木の周りの地面には小銭（1円玉〜5百円玉）くらいの穴がたくさんあいている。この穴は何の穴だろう。穴があいている理由を考えよう。（理由に関係するモノを持って帰って模造紙に貼ってもかまいません）

【第2ポイント（優心園・小グランド）】
(4) 1, 2, 3, 4, 5以上の形の葉っぱを集めなさい。ただし、下の図の左は「1」、右は「7」（5以上）と数えます。（教室へ葉っぱを持って帰って、模造紙に貼りなさい）

(5) 白いロープで囲まれた場所（「う」）には「人間が作ったモノ」が置いてある。どんなものがいくつ置いてあるか見つけなさい。ただし、白いロープの内側に入らずに、外から目で見て探すこと。置いてあるモノにさわったり、移動させたり、持って帰ってはいけない。

第5章　小区域（活動ポイント）指定タイプ　69

↑これは「1」と数える　　　　↑これは「7」と数える

【第3ポイント（駐車場）】
(6) この駐車場とびわ湖の似ているところを5つ以上考えなさい。

の濃さの違いがあることは、なんとなく感じている。実際に葉っぱを集めてみると、実にさまざまな「緑色」があることに改めて気づくことができる。

　この活動は、「葉っぱのグラデーション」、「森のグラデーション」、「葉っぱ集め」などの名前で実践されているものである。秋のように木の葉が色づく季節であれば、緑以外に黄色や赤などの葉っぱを集めてグラデーションを作ることができるが、夏の集中講義では、残念ながら季節の関係で緑色になってしまった。

　課題（2）は、あらかじめ「あ」の札をつけた木の幹にある不思議な平行線ができた理由を考えるものである。この平行線は、過去の樹名ラベルがおそらく針金で止められ、それが長期間放置されたため、木の中にめり込んでしまった結果と考えられる。数年前までは写真のように樹名ラベルが木にめり込んでいる様子が見られたが、2006年頃に舌のように出ていた部分が切り取られてラベルがあったことがわからなくなっているものである。同じ様子は写真以外の木でも見ることができる。舌のように出た樹名ラベルが切り取られているので、平行線の理由を考えるのは少し難しかったかもしれないが、人間が自然に対して与えた影響として、活動の後に説明した。

　課題（3）は、地面に空いている穴を見て、それが存在する理由を考えるものである。穴をよく見ると、ほぼ同じ大きさであり、木の根元からあまり離れ

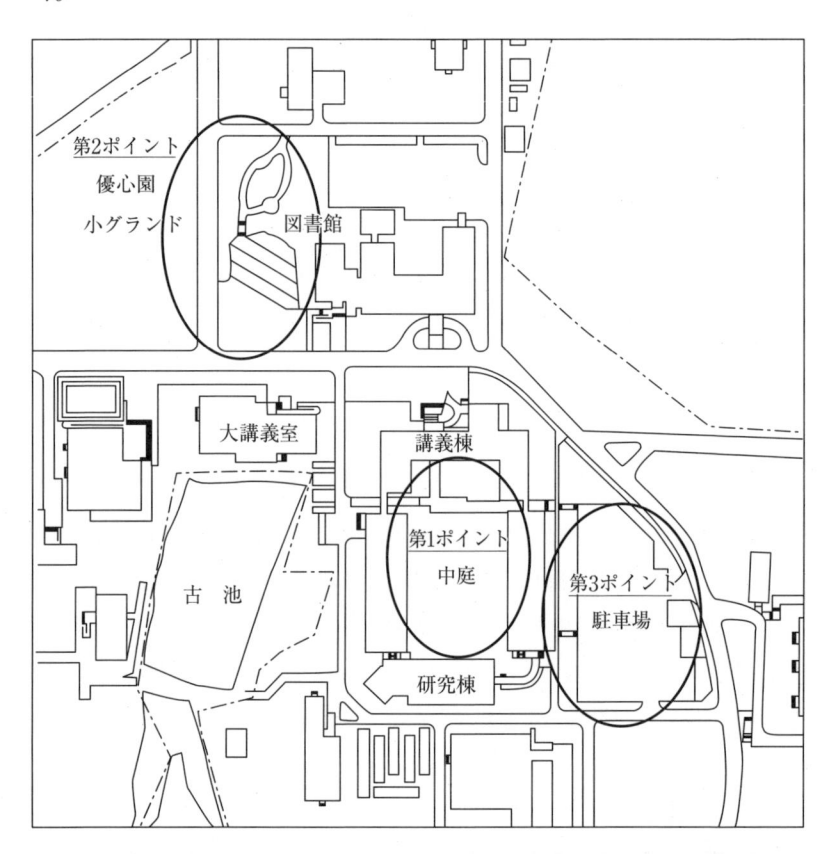

樹名ラベルの上下に針金の痕 　　　　　ラベルがめり込んだ木（ケヤキ）

第 5 章 小区域（活動ポイント）指定タイプ　71

課題（1）に取り組んでいる様子 　　　課題（2）に取り組んでいる様子

課題（5）に取り組んでいる様子 　　　駐車場

ていないところに多く空いている。木のないところには穴は空いていない。穴がたくさん空いているところの近くの木を見ると、セミのぬけがらがたくさんついている。このことから、この穴はセミの幼虫が地面から出て木に登り羽化したときの穴であろうと想像できる。この課題はさほど難しくなかったようだ。

　課題（4）は、図を参考にしていろいろな形の葉っぱを集めるものである。単に「いろいろな形の葉っぱを集めてください」とすると、丸い、細長い、曲がっているとか、「○○に似ている」といったようなことになってしまい、同じ種類の木の葉っぱだけを見てしまうことが考えられる。種類の違う木の葉っぱに目を向けるということを考え、数を数えてみるという活動にした。この活動をやってみるとおもしろいことに気がつく。1 と 3（奇数）の葉っぱはたく

さん見つかるが、2と4（偶数）の葉っぱはなかなか見つからない。4はユリノキの葉が相当するが、2は見られない。ここでは、あまり細かい議論をすることよりも、いろいろな形の木の葉っぱを見る、それに気づくことを重視しているので、2に相当する葉っぱが見られないことに気づくことも大切だと考えた。本来は違うが、対になっているのでマツの葉でよいことにした。

課題（5）は、『ネイチャーゲーム』の「カモフラージュ」を取り入れたものである。「カモフラージュ」は、個人個人で置いてあるものを探すが、ここでは班で一緒に探すところが異なっている。本来の「カモフラージュ」のやり方ではないが、「指示書方式」の活動の中に、組み込んでみたものである。ただし、ここは誰かスタッフが見ている必要があるので、筆者自身が、すべての班がこの活動を終えるまで、この活動ポイントの近くにいた。受講生は大学

室内でのまとめ作業　　　　　　　発表の様子

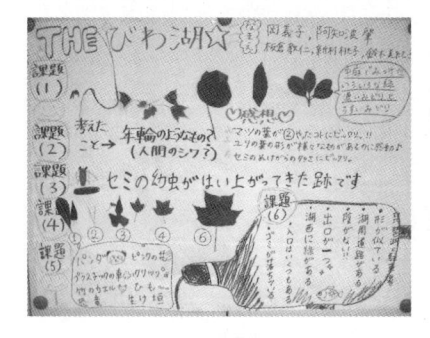

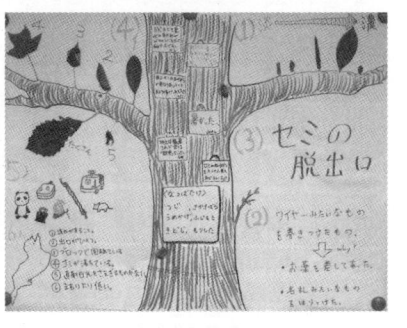

まとめた模造紙の例　　　　　　　まとめた模造紙の例

生（一部社会人）なので、指示書通りに活動しており、特に問題は生じなかった[29]。

課題（6）は、「環境経験学習」プロジェクトのメタファー（隠喩）を用いた学習活動課題を参考に作成したものである。学生たちが日頃見慣れている駐車場と、もっと大きなびわ湖との似ている点を考えることで、びわ湖をいくらか身近に感じられるのではないか、また逆に駐車場を大切な自分の環境と感じられるのではないかと考えた。

各学習活動課題について10分程度説明した後、班ごとに活動に取り組んだ。その際、室内でのまとめ作業や発表時間との関係から、屋外での活動は30分

表5-1 各班の解答（課題（2）と（6））

	課題（2）	課題（6）	
A班	・表示板のワイヤーのあと	・出口が1つ。 ・大駐車場の形。 ・盆地状→びわ湖の深さ。	・ごみが散らばっている。 ・広がりのある方→湖東平野。小高い方→湖西山地。 ・ぐるっと一周→湖周道路。
B班	・昔の名札のあと。	・入口と出口がある。 ・ごみがある。 ・周りには植物や動物がいる。	・びわ湖が駐車場、魚が車みたい。 ・人間にとって必要なもの。
C班	・もっと小さかったときに、木が倒れないように鉄のワイヤーか何かで縛っていたためにできた跡。	・流れがある。 ・みんなのもの。 ・よそもの（外来種・外車）がいる。	・ごみが落ちている。 ・コンクリートで囲まれている。
D班	・年輪のようなもの？（人間のシワ？）	・形が似ている。 ・湖周道路がある。 ・陰がない。 ・出口が一つ。	・湖西に緑がある。 ・入口はいくつもある。 ・ごみが落ちている。
E班	・木をしばった跡。	・入口と出口がある。 ・広々としている。 ・生活に必要で役立っている。	・たくわえている。 ・まわりにたくさん木がある。
F班	・お薬をさしてあった。名札みたいなものをはりつけた。	・流れがあること。 ・出口が一つ。 ・ブロックで囲まれている。	・ごみが落ちている。 ・直射日光をさえぎるものがない。 ・まわりより低い。

程度と口頭で指示したが、45分ほど屋外で活動した班も見られた。

　各班がまとめた模造紙のうち2例を写真に示す。この他の班も、写真のように絵を入れたりして、学習活動課題に対する解答を見やすく表現していた。

　各班の課題（2）（木の幹にある平行線の謎）と課題（6）（びわ湖と駐車場の似ているところ）の解答を表5-1に示す。課題（2）に関しては、年輪のようなものとした班が1班あったが、それ以外は樹名ラベルとの関係に気づいた。

　課題（6）に関しては、出入り口（びわ湖の出口は瀬田川と琵琶湖疎水の2つだけ）、形、周囲の様子に着目した解答が見られた。「人間にとって必要なもの」「よそもの（外来種・外車）がいる」といった解答には、深い洞察が感じられる。興味深いのは、1つの班（E班）を除いて、「ごみ」について書いていることである。受講生たちのびわ湖のイメージの中には「ごみ」が組み込まれていることを物語っていると言えよう。

　追加として、模造紙に感想を一言書かせておいた。模造紙に書かれた感想を

表5-2　受講生の感想

自然全般	・滋賀大には自然がいっぱい。 ・滋賀大には不思議がいっぱい。 ・身近な自然にふれることができた。 ・身近な美しい自然の中で新しい発見と感動を大切にしていきたい。
木の葉	・同じ木でも葉っぱの色や形が微妙に違っておもしろかったです。 ・普段じっくり葉っぱを観察する機会がないので、おもしろかったです。 ・ユリの葉（ユリノキ）の形が様々なものがあるのに感動。 ・同じ葉っぱでも形や色がいろいろあっておもしろかった。 ・これほどたくさん葉っぱがあるなぁと思った。
セミのぬけがら	・枝にセミのぬけがらが重なり合っていた。あまりの多さに驚き。 ・セミのぬけがらの多さにびっくり。 ・セミのぬけがらをたくさんみて驚いた。
メタファー	・大駐車場がびわ湖に見えるなんて。
その他	・地上は猛暑、されど空は「秋色」だった。 ・暑かった。 ・暑かった。 ・大変けっこうでした。 ・楽しい活動だった。

表 5-2 に示す。「暑かった」「楽しい活動だった」というものもあったが、自然、木の葉、セミのぬけがらに関することが書かれていた。単に感想だけなので、気づきを培うことができたかどうかを評価することは難しいが、普段目にしていてもあまりよく見ておらず、気づいていなかったことに気づけた様子をうかがうことができる。

第6章 一定範囲（活動エリア）指定タイプ

　一定範囲（活動エリア）指定タイプは、公園の中とか、中庭、運動場といったように活動の範囲を指定して、学習活動課題に取り組むタイプである。小区域（活動ポイント）指定タイプと異なり、活動ポイントの移動がない。それゆえ、移動経路の指定はなく、課題提示も逐次提示より一括提示の方が現実的である（逐次提示が不可能ということではない）。いくつかの学習活動課題を指示書に一括して提示し、活動の範囲、活動時間を決め、範囲内を自由に散策して、活動に取り組む。

　活動エリアを指導者の目の届く範囲にすると、担任教員1人が授業時間中に学校内で実践することができるというメリットがあるが、小区域（活動ポイント）指定タイプと比べると、活動場所を移動する楽しさや冒険ゲーム的な楽しさは少ない。また、活動エリア内で解決可能な学習活動課題を設定することになるという若干の制約がある。しかし、学校でのクラス単位の学習活動を考えると、このタイプの方が適切と考えられる。ほぼ毎日、朝から夕方まで過ごしている学校内の環境をよく知り、気づく目を育てるという視点からも、このタイプは有益であると考えられる。

　以下では、教員研修でのプログラム、大学の授業でのプログラム、中学生向けに開発したプログラムを紹介する。

1.「私を探して」プログラム

　筆者が徳島県の自然体験型環境教育研修の講師を引き受けたときに作成、実践したプログラムを紹介する。この研修は、徳島県教育委員会が2000（平成12）～2002（平成14）年度の3年間実施したものである。2001、2002年度は、年3回の研修会が行われ、そのうちの1回を筆者が担当し、他の2回はネイチャーゲーム、プロジェクト・ワイルドを中心に他の講師が担当された。ここでは2002年のプログラムを紹介する。

　2002年の筆者担当の研修は、8月29日（木）（小学校教員38人）、30日（金）（中学校教員26人）、午前に1時間20分（10:40～12:00）、午後に3時間（13:00～16:00）の1日研修で、場所は徳島県板野郡板野町の「文化の館」であった。両日とも同じプログラムで研修を行い、この研修用に作成した「指示書方式」プログラム「私を探して」を、昼食後の午後の時間帯に約90分で実践した。

　1日の研修のねらいは次のように設定した。

○板野町文化の館をフィールドとした自然体験型の環境学習活動手法（アクティビティ）を体験することを通じて、体験型学習活動手法の視点、考え方、自校での開発の仕方を学ぶ。

「私を探して」プログラムは、上記の研修のねらいに合うように、いろいろ

フィールドの様子　　　　　　　　活動1に取り組んでいる様子

私を探して

　私はこの文化の館の公園に暮らしています。私を見つけてください。私の写真を撮ったら模造紙に貼って、私が何かなどの説明を書いてください。

1. 私は、ここに一番長く暮らしています。一番の年長者です。私を探してください。
〈見つけたら写真を撮ってください〉

2. 私は、ごく最近ここに来ました。一番の若輩者です。私を探してください。
〈見つけたら写真を撮ってください〉

3. 私はこの公園で一番涼しい場所です。私を探してください。
〈その場所を見つけたら、グループ全員で涼しそうな顔をして写真を撮ってください。誰かにカメラマンを頼んでもかまいません〉

4. 私はこの公園で一番暑い場所です。私を探してください。
〈その場所を見つけたら、グループ全員で暑そうな顔をして写真を撮ってください。誰かにカメラマンを頼んでもかまいません〉

5. 封筒の中に私の写真があります。私を探してください。
〈見つけたら写真を撮ってください〉

6. 私は去年からこの公園で暮らしています。私の隣には1年先輩と1年後輩がいます。私を探してください。〈見つけたら写真を撮ってください〉

7. 私はこの公園の「目の上のたんこぶ」です。私を探してください。
〈見つけたら写真を撮ってください。なぜ「目の上のたんこぶ」なのか、説明をつけてください〉

8. 私はこの公園の「胃袋」です。私を探してください。
〈見つけたら写真を撮ってください。なぜ「胃袋」なのか、説明をつけてください〉

9. 私はとても「ちくちく」する草（木）の葉です。私を探してください。
〈見つけたら持ち帰って模造紙に貼り付けてください〉

な視点で自然を見る、気づく、体験することを重視して作成した。

　このときは、文化の館周辺の地図を用意することができなかったので、活動範囲は「文化の館の出入り口に立ったときに見渡せる範囲」と指定した。学習活動課題で求めている写真撮影のためインスタントカメラ（富士フイルム社製チェキ）を各班に1台ずつ貸与した。

　学習活動課題1と2は、「環境経験学習」プロジェクトの〈変化〉のユニットに属する"How old"の課題を参考に作成したものである。時間の流れという視点から環境を見たとき、どのようなことに気づくことができるか、また「年長者」（長く暮らしている）、「若輩者」（最近ここに来た）と言える根拠を考えながら環境を見ることで、新たな発見につながると考えた。写真に示した班は、地面（地層）が一番の年長者であろうと考え、その写真を撮影した。その他には、大きな木、最も古そうな建物を撮影した班があった。「若輩者」に関しては、小さな木の苗、駐車場に止めてある新しそうな自動車、たまたま通りかかったベビーカーに乗った赤ちゃんといったものがあった。

　課題3と4も、「環境経験学習」プロジェクトの"Feeling good bad"の活動課題を参考に作成したものである。実践日は8月なので、そもそも暑い時期である。その時期に、一番涼しい場所、一番暑い場所を探す活動は、思うほど簡単ではない。写真撮影を指示しているので、目で見て涼しそうだとか、暑そうだというだけではなく、実際にその場所へ行って涼しいか、暑いかを確認しなくてはならない。一見涼しそうに見えても、実際に行ってみるとけっこう暑

活動4に取り組んでいる様子　　　　　班で相談している様子

かったとか、その逆があり得る。涼しい場所に関しては、最初の説明の際に建物の中は除外することを伝えておいた（建物の中はエアコンが効いているので涼しい）ので、多くの班が木陰を探していた。また風通しのよいところと考え、坂を上った丘の上の木陰で写真を撮った班が数班見られた。暑いところに関しては、草木のあるところではなく、アスファルトやコンクリート、金属でできたものの近くと考えたようで、そのような場所で写真を撮影していた。ちなみに筆者は、フィールドの下見をした際、自動販売機の後ろが暑い（熱気が放出されている）と感じたのだが、筆者と同じことを考えた班は見られなかった。

　課題5は、提示された写真に写っているものやその周辺の特徴から、被写体を見つける活動である。この活動は「環境経験学習」プロジェクトの写真を用いた課題を参考に作成した。以下の写真A～Fのうちのいずれか1枚を各班に渡した。全体の人数から、8月29日（小学校教員）は6班、30日（中学校教員）は5班としたので、30日には写真Fは使わなかった。

　写真A～Eは水道栓で、Fは外灯である。フィールドのいろいろなところに水道栓があり、特にA～Cは同じ形をしている。写っている水道栓・外灯の色や形の特徴、そして周囲の様子を見て、同じものを探す。このことで、漠然と環境をとらえるのではなく、特徴という視点からとらえることができるようになると考えた。すべての班が写真に写っているものを見つけていた。

　課題6は、筆者は下見の際に「○○年記念植樹」と書かれた木が3年分（3本）植えられていることに気づいたので、この活動を取り入れることにしたものである。最初の説明の際に、この課題に関係するものがどのあたりで見られるかを伝えておいたので、記念植樹を見つけた班が多かったが、他に大きさ（高さ）の異なる3つの木がならんでいるところを見つけた班もあった。

　課題7と8は、「環境経験学習」プロジェクトのメタファー（隠喩）を用いた学習活動課題を参考に作成した。「目の上のたんこぶ」は厄介者、邪魔者の意味で用いた。この課題は各班ともに苦戦していた。どうするか悩んだあげく、このフィールドにある恐竜の骨格模型（活動4に取り組んでいる様子の写真の後ろに写っている）の眉毛のあたりに砂を盛ってたんこぶのように見せ、「目の上のたんこぶ」として写真を撮影した班があった。その他には、道路にあっ

第6章 一定範囲（活動エリア）指定タイプ　*81*

写真A：課題5で用いた写真

写真B：課題5で用いた写真

写真C：課題5で用いた写真

写真D：課題5で用いた写真

写真E：課題5で用いた写真

写真F：課題5で用いた写真

活動をまとめている様子　　　　　　　　発表会の様子

た三角コーン、坂道、課題9と関連づけてとげのある草といったものがあった。

「胃袋」に関しては、「人が入る←→食べ物が入る」と考え、建物の出入り口を撮影した班、「何でも詰め込む」と考えてゴミ箱を撮影した班、「形が似ている」と考え砂場を撮影した班などがあった。

課題9は、他の課題であまり使っていない触覚を使うことを考えて作成したもので、どちらかといえば付け足し的な課題である。比較的わかりやすく、解決しやすい課題で、チクチクする草（木）の葉もいろいろな種類のものがたくさんあるので、簡単な課題であった。1種類ではなく、数種類を持ち帰った班もあった。

屋外での活動を終えた後は、室内で、撮影した写真、それを撮った理由などを模造紙1枚にまとめた。まとめ作業が終わったら、少し休憩を取り、各班の発表会を行った。

この実践では、プログラムに関する質問紙調査などを行わなかったので、参加された先生方の具体的な感想等はわからないが、日頃の学校の授業等ではやらない活動であったであろう。また、いわゆる自然体験というイメージとも異なる活動であったであろう。実践時の様子からは、楽しく活動を行い、学校でもできそうだという声が聞かれた。写真を撮影する活動を取り入れたのは、あとで模造紙のまとめを作る際にも利用でき、よかったと思われる。まとめた模造紙を持ち帰りたいと申し出られた先生もおられたし、インスタントカメラの値段を尋ねた先生もおられたことを記憶している。

2. キャンパス「気づき」体験プログラム

　筆者が分担で担当している「環境教育概論（A・B)」(春学期、木曜 1 限）において、2005、2006 年度に実践したプログラムを紹介する。
　「環境教育概論（A・B)」は全学共通教養科目であるが、教育学部では必修科目に位置づけられている。「環境教育概論 A」は学校教育教員養成課程、「環境教育概論 B」は情報教育課程・環境教育課程とクラス分けされている。対象学年は 1 年次生である。学部必修科目なので、多人数の講義となる。2005 年度は「環境教育概論 A」が 188 人、「環境教育概論 B」が 118 人であり、2006 年度はそれぞれ 210 人と 88 人であった（受講生数が大きく異なるのは課程の定員変更が行われたためである）。
　受講生数の多さと 90 分という時間的制約から班別での活動は困難であること、授業当日が雨天の場合は実践できないこと、写真を撮る活動を組み入れたかったこと等の理由からレポート課題として実施した。
　プログラムのねらいを「身のまわりの環境に接する機会の創出、普段見過ごしている身近な環境を多様な視点から見直し、気づく目を養うこと。見れども見えずから脱却すること」に置き、プログラムを「キャンパス『気づき』体験プログラム」と称した。プログラムの学習活動課題や注意は基本的には同じであるが、最初に実践した 2005 年の「環境教育概論 B」のクラスだけ若干異なっている。この点は、本文で補足する。本プログラムの実践や結果等は、2005 年度については市川智史（2006）[32]、2006 年度については市川智史（2007）[33] において報告しているので、ここではこれら 2 編の論文に基づいて述べる。
　学習活動課題①は、キャンパス内で「人間が食べられる実のなる木」を探し、キャンパスのどこにその木があるかと、木の名前を調べる活動である。キャンパス内には多くの種類の樹木がある。この活動は、単に 2 種類を探すということではなく、木を見ながらキャンパス内をいろいろ歩いて、キャンパスの自然に親しむことをねらいとしている。2007 年 2 月に筆者が樹名ラベルを

キャンパス「気づき」体験プログラム

○以下の活動を行い、レポートにしてください。右ページの地図を切り取って、貼ってください。写真は白黒でもカラーでもかまいません。レポートはA4用紙3枚以内（表紙は不要）にまとめ、左上をホチキスで留めてください。

① 「人間が食べられる実のなる木」を2種類探して、地図中にその木のある場所をマークし、吹き出し線で木の名前を書いてください。

② 中庭（講義棟、研究棟で囲まれたところ）で、「苦しい」と叫んでいそうなものを見つけてください。見つけたらその写真を撮り、レポートに写真を貼って、なぜ「苦しいと叫んでいる」と思うのかを簡単に説明してください。

③ あなたがもっとも「心地よい」と感じる場所を見つけてください。地図中にその場所をマークし、なぜ「心地よい」と感じるのかを簡単に説明してください。

④ 「キャンパスの胃袋」を見つけてください。見つけたら写真を撮り、地図中にその場所をマークし、レポートに写真を貼って、なぜ「キャンパスの胃袋」なのかを簡単に説明してください（ただし、食堂は除く）。

設置したが、それ以前はごく一部の樹木を除いて樹名ラベルはつけられていなかった。学生は自分自身、あるいは友人が知っている木を探しながらキャンパス内を歩いたようであった。筆者のところへ「先生、○○は食べられますか」と尋ねに来た学生もいた。多かったのは、学生たちが知っていて、比較的目につきやすい場所にある木で、イチョウ、ウメ、カキ、ヤマモモ、クリ、ドングリ、ビワなどであった。筆者自身まったく知らなかったポポーという木を見つけた学生も見られた。なお、2005年の「環境教育概論B」では、単に「実のなる木」とした。筆者は実＝果実（果肉のあるもの）と考えたのだが、マツ、サクラといった解答があったため、課題文を修正した。

　課題②は、「苦しい」と叫んでいそうなものを探す活動である。日頃、このような視点で身のまわりを見ることはないだろうと考え、多様な視点から「気づく目」を養う意味で、この課題を設定した。2005年当時は、一部の木につけられていた古い樹名ラベルが木にめりこんでいる様子が見られたので、それ

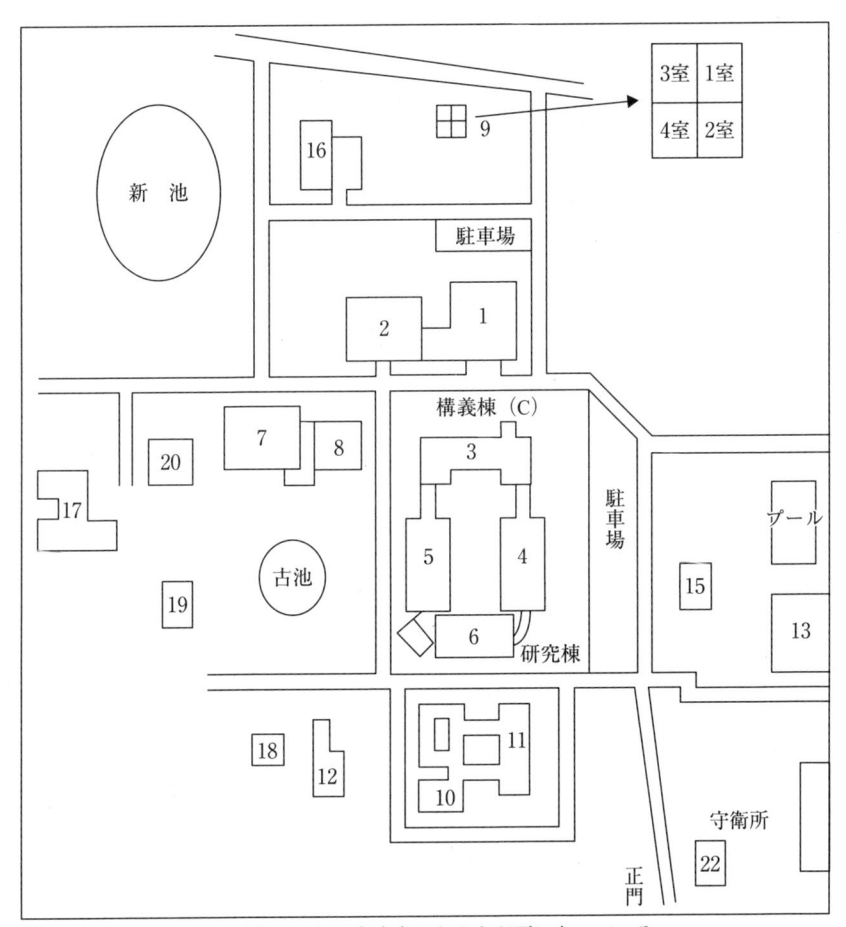

※地図は正門からの配置をわかりやすくするため上が西になっている。

を書いた学生が多かった。それが2006年の時にはラベルが切り取られていたため、コンクリートの間から生えている草、エアコン室外機のすぐ前の木、クモの巣につかまっている虫といったものが見られた。

　課題③は、「環境経験学習」プロジェクトの〈地図化〉のユニットに属する"Feeling good bad"の課題を参考に作成したものである。「心地よい」と感じる場所には、心地よさを感じさせる環境要因がある。その環境要因に気づくことは、多くの人が心地よいと感じる環境を創造することへとつながっていくと

ラベルがめり込んだ木　　　　　　　　ラベルが切り取られた痕

考えられる。学生の解答では、昼休みや休憩時間に人が集まる場所（理由としては、誰かに会える、楽しく話せるなど）、木々に囲まれている場所（理由としては、緑に囲まれている、すがすがしい、落ち着く、癒されるなど）が多く見られた。

　課題④は、「環境経験学習」プロジェクトの隠喩（メタファー）を用いた学習活動課題を参考に作成したもので、前述の「私を探して」プログラムと同じものである。2005年の「環境教育概論B」では何も注意を与えなかったため、直接的に物を食べる、胃袋を満たすということから「食堂（生協）」を挙げた学生が多かった。これでは隠喩（メタファー）からキャンパスの環境に気づくことにまったくつながらない。そこで「食堂は除く」と注意書きを加えた。修正後の実践では、「学生が集まる（学生が食べ物に相当する）」という視点（図書館、大講義室）や、「車・自転車が集まる」という視点（駐車場、駐輪場）、「物を処理・処分する（消化する）」という視点（ごみ箱）、「何かが入る」という視点（入口）、「キャンパスの真ん中あたり（胃袋は身体の真ん中あたり）」（池、食堂）といった多様な視点からの解答が見られた。

　学生のレポートのうち、1頁目に比較的わかりやすくまとめてある2つの例を示す。例①（左側の写真）では、食べられる実のなる木として「クリ」と「イチョウ」、苦しいと叫んでいそうなものとして「中庭の木（密集しすぎて光があまりあたらないから）」、心地よい場所として「食堂付近のベンチ（日当たりがよくて休み時間などに友達とくつろいでいるから）」、胃袋として「ゴミ箱

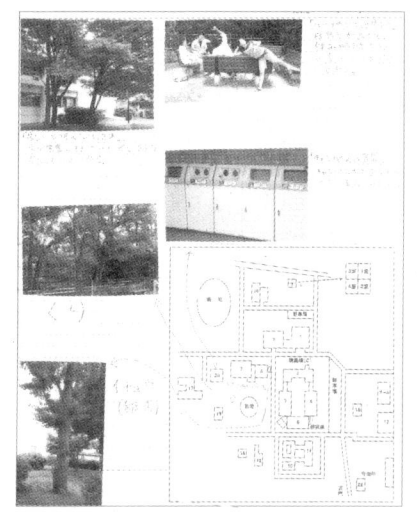

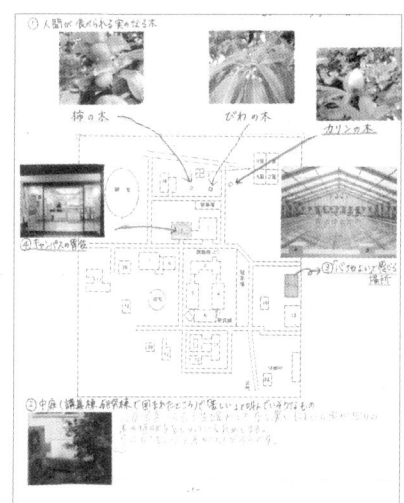

第 6 章　一定範囲（活動エリア）指定タイプ　87

写真：レポートの例①（2006年）　　　写真：レポートの例②（2006年）

（キャンパスから出た物を集めているから）」を挙げている。例②（右側の写真）では、食べられる実のなる木として「カキ」「ビワ」「カリン」、苦しいと叫んでいそうなものとして「エアコン室外機のすぐ前の木（冷房装置から出る生暖かくて少し臭い風が周りの木や植物を苦しめているから）」、心地よい場所として「プール」、胃袋として「図書館」を挙げている。

　授業の最終回に質問紙調査を行った。市川智史（2007）[33] と同じデータを用いて、「⑪キャンパス体験プログラムは有意義であった」との問いに対する回答を集計した（図6-1）。2005年、2006年ともに「はい」と回答した割合が30％を超え、「はい」と「どちらかといえばはい」を合わせた「有意義である」との回答が80％を超えた。また、学習内容の理解、学習意欲の向上を尋ねた設問とのクロス集計およびカイ二乗検定による分析で、有意な関連が認められた[33]。

　この授業で、「キャンパス体験」プログラムがもっとも印象に残ったと回答した学生（111人）の「印象に残った理由」を分類した（図6-2）。また、各分類枠の具体的な記述例を示す。

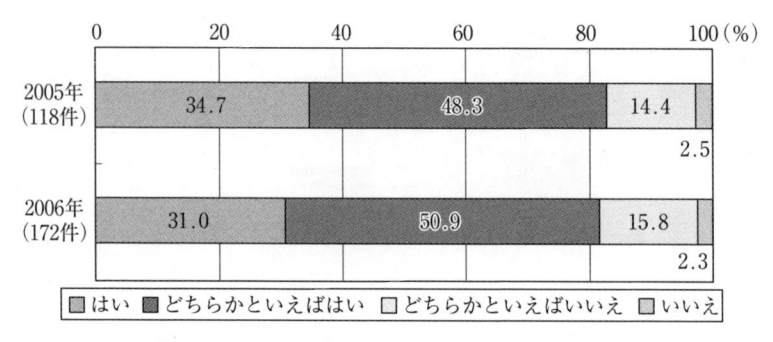

図6-1 「キャンパス体験プログラムは有意義であった」の回答分布

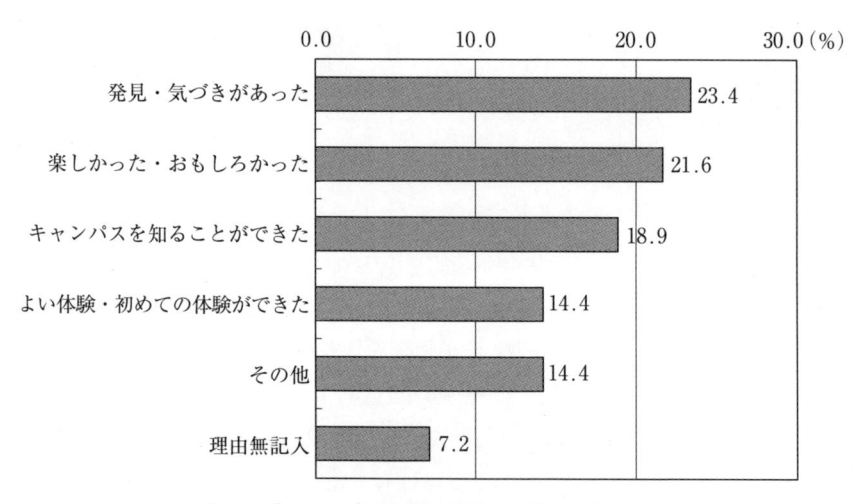

	はい	どちらかといえばはい	どちらかといえばいいえ	いいえ
2005年(118件)	34.7	48.3	14.4	2.5
2006年(172件)	31.0	50.9	15.8	2.3

図6-2 「キャンパス体験」が印象に残った理由
(市川智史(2007)より作成)

- 発見・気づきがあった: 23.4
- 楽しかった・おもしろかった: 21.6
- キャンパスを知ることができた: 18.9
- よい体験・初めての体験ができた: 14.4
- その他: 14.4
- 理由無記入: 7.2

〈発見・気づきがあった〉

○普段何気なく過ごしているキャンパスに目を向けることで、新たな発見を色々とすることができたから。

○じっくり大学をみる機会があまりなく、よい機会になり、いろいろなことに気づけたから。

○こんなところにこんなものがあったんや……という新しい発見ができて良かったから。

○学内にあれだけたくさんの食べられる木の実があるなんて知らなかった。いろんな発見があっておもしろかった。

〈楽しかった・おもしろかった〉
○キャンパスを回って写真を撮るレポートが、自分でしていてとても楽しかったです。
○学校内探検みたいで楽しかった。友達の「心地よい場所」に連れて行ってもらったのがよかった。
○自分で学校を歩いていろいろな写真を撮るのはとても楽しかったから。
○体験プログラムは普段歩き回らないキャンパス内を歩けて、とてもユニークだった。初めて中庭にも行った。

〈キャンパスを知ることができた〉
○滋賀大のキャンパスってあまり校舎以外に目を向けることがなかったので、キャンパスを知る良いきっかけになりました。
○キャンパス内の今まで行ったことのないところまで行けて、栗の木があることを発見したこと。この課題がなければ、栗の木に出会えなかったかもしれないから。
○大学内をはじめてゆっくり歩いてみたことが印象的です。いつもは授業に遅れないように早く歩いていたから、頭の上や足元をあまり見ていなかったからです。
○今まで講義で行く教室以外のところには行っていなかったので、それまで知らなかったことがわかってよかったです。

〈よい体験・初めての体験ができた〉
○いつもキャンパスをボーッと歩いているだけで、こんなにいろいろ探しながら歩いたのははじめてだったからです。
○キャンパス気づき体験プログラムが、初めての体験だったので印象に残っている。

○キャンパス体験プログラムは身近な自然環境に目を向け、それについて考えるきっかけになった。
○レポートでキャンパス内を歩いたこと。普段は見ないところに行ったり、木を注意深く見たりしたから。

　これらの記述例は、「キャンパス『気づき』体験プログラム」がもっとも印象に残ったとした111人（290人中の38.2%）の回答なので、肯定的なものばかりであるが、次の3点を指摘することができる。

① 受講生の約40%が印象に残り、肯定的な理由を挙げていること
② このプログラムを有意義なものとする受講生は80%を超えていること
③ 授業内容の理解、学習意欲の向上と有意な関連が認められたこと

　これらを勘案すると本プログラムは、「身のまわりの環境に接する機会」「気づく目の育成」に対して、プラスの影響を与えたと推察することができる。

3. 自然の循環　発見隊

　中学生向けに作成、実践（試行）したプログラムを紹介する。このプログラムは、「自然の循環」（自然界における物質等の循環）をテーマとして作成したものである。実践（試行）結果の分析およびプログラムの学習効果の考察については市川智史（2010）[34]において報告しているので、ここでは実践（試行）の様子を中心に述べる。
　プログラムは、リサイクル等の「社会の循環」（人間社会における物（製品等）の循環）と「自然の循環」（自然界における物質等の循環）の連接点として重要と考えられる「土」に着目し、屋外へ出て実際の自然に接する活動を通して、土から始めて、再び土へ戻る一連のつながり（生産者・消費者・分解者のつながり）をたどる構成とした。

プログラムのねらいとして次の2点を設定した。

① 発見・気づき体験を通じて、自然の循環やつながりに気づく目を培う。
② 「ものが腐って土になり、それをもとに生物が育ち、そしてまた土に返る」ことに力点を置きながら、循環に対する認識を深める。

実践（試行）は、2008年6月6日（金）（中学校第1学年の宿泊体験（1泊2日）の2日目）の午前中に行った。対象生徒数は3学級78人で、4～5人の18班で活動を行った。指導者は筆者自身、補助者（スタッフ）が6人、中学校の教員7人の計14人が実践に携わった。写真の撮影用にインスタントカメラ（富士フイルム社製チェキ）を6台用意したが、班の数が多かったため、補助者（スタッフ）がカメラを持って、2～3班と一緒に活動エリア内を移動

自然の循環　発見隊　指令書

(1) 各班で「自然の循環（順番に何かのつながりがあって、ぐるっとまわること）」の写真を6枚撮ってもらいます。
(2) 最初に「自然の循環」を考えるのに適切だと思う「土」の写真を1枚撮ってください。どうしてその「土」を写真に撮ったのか、その理由をメモしておいてください。
(3) 「土」から始まって、「土」へ戻る「自然の循環」をさがして、5枚の写真を撮ってください。
(4) 何の写真を撮るか、班でよく相談して、考えてください。カメラは、スタッフのお兄さん、お姉さんが持っています。写真を撮るものを決めたら、近くにいるスタッフに声をかけてください（6人が持っています）。
※：写真は自分たちで撮るようにしてください。失敗しないように注意してください。もしカメラの使い方が難しかったら、スタッフに撮ってもらってもかまいません（あまり近くのものは写りません）。
(5) 「まとめ方」のシートに、何の写真を撮ったのか、どうしてそれを撮ったのか（理由）をメモしておいてください。
(6) 研修室に戻ってから、「まとめ方」シートのように模造紙に線を引き、写真を貼って、メモしておいたことをマジックで書いて「自然の循環」をまとめてもらいます。

メモ用プリント

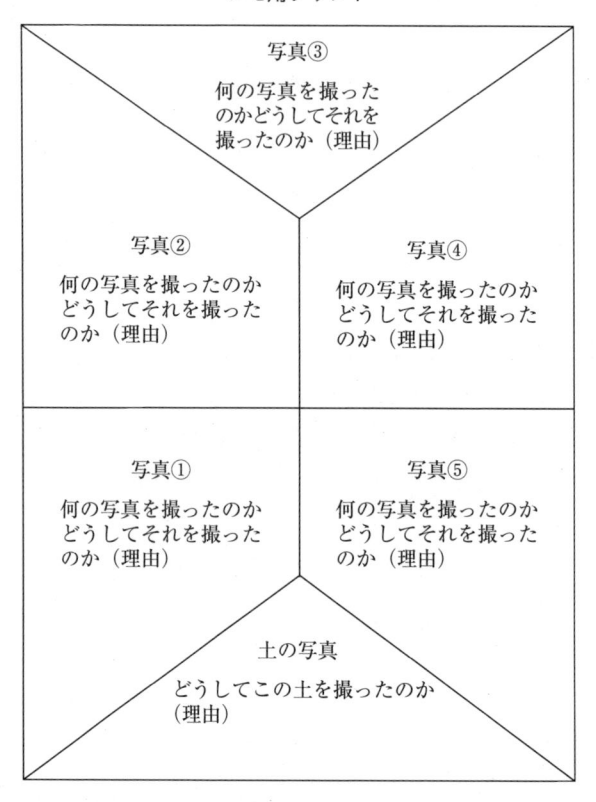

```
写真③
何の写真を撮った
のかどうしてそれを
撮ったのか（理由）

写真②                     写真④
何の写真を撮ったのか       何の写真を撮ったのか
どうしてそれを撮った       どうしてそれを撮った
のか（理由）               のか（理由）

写真①                     写真⑤
何の写真を撮ったのか       何の写真を撮ったのか
どうしてそれを撮った       どうしてそれを撮った
のか（理由）               のか（理由）

土の写真
どうしてこの土を撮ったのか
（理由）
```

することにした。

　実践（試行）では、説明に約15分、移動および屋外での活動に約60分、室内でのまとめ作業に約40分、休憩・発表・まとめに約35分の計2時間30分を要した。

　まず室内で各班に指令書、メモ用プリント、地図を配布し、指令書を読み上げる形で学習活動課題の説明を行った。その際、自然の循環については細かく説明せず、指令書にある「自然の循環（順番に何かのつながりがあって、ぐるっとまわること）」と「土から生えてくるものは何だろう、土に戻っていくのは何だろう、と考えて下さい」との説明にとどめた。その後、配布した指令書等と筆記具を持って全員で屋外へ移動し、集合した。集合場所でもう一度活

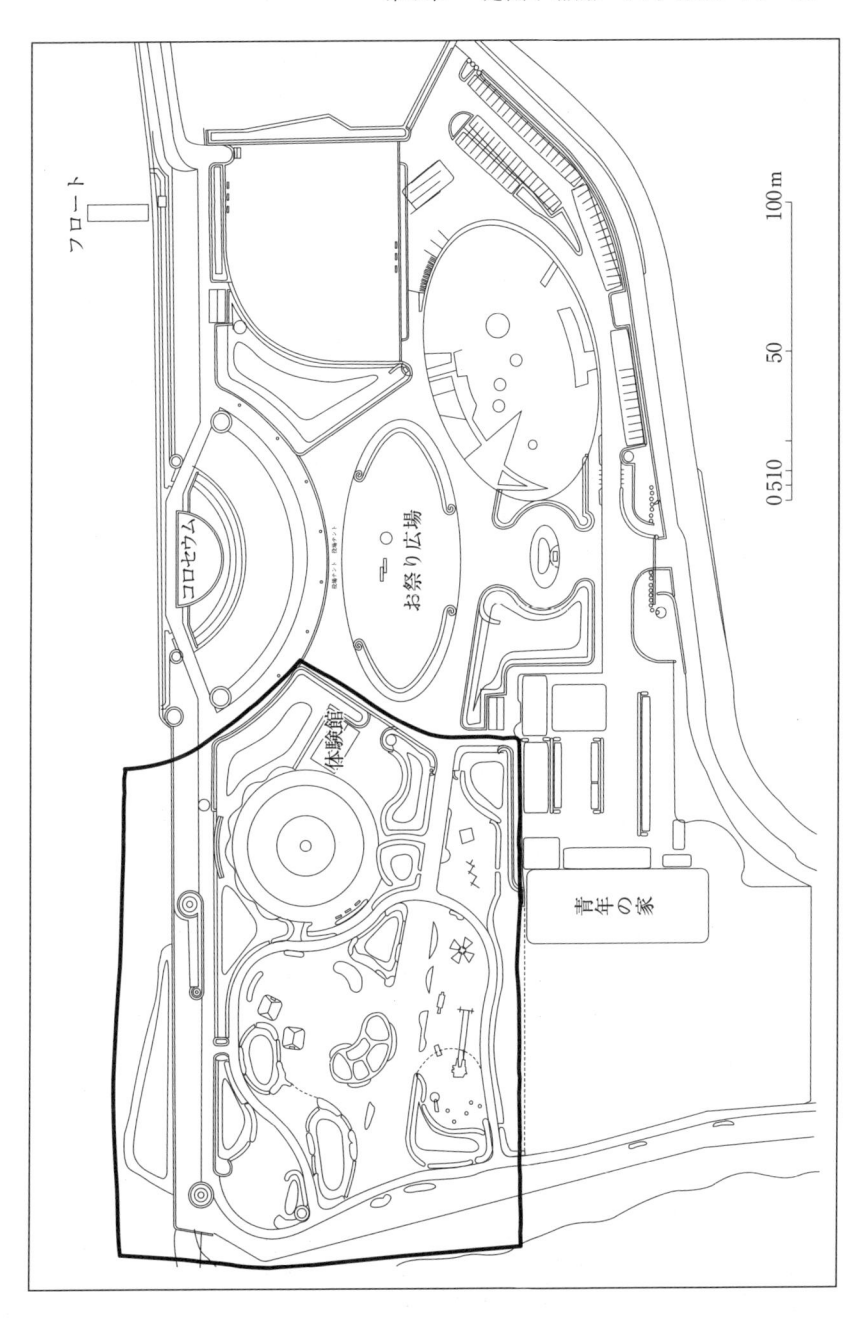

第6章 一定範囲（活動エリア）指定タイプ 93

フロート

アイセロロ

お祭り広場

体験館

青年の家

100m
50
0 5 10

活動の様子　　　　　　　　　　　　写真を撮っている様子

動エリアの確認を行うとともに、活動時間の確認、活動終了時の集合場所の確認を行ってから、活動を開始した。

　生徒たちは指令書にあるように、まず「土」の写真を撮影していた。その後、何を撮影するか相談しながら活動エリアを歩き、目を凝らして草や木、虫などを見ていた。何を撮影するかを考えてから、撮影したいものを探して歩いた班もあれば、歩きながら見つけたものを撮影していた班もあった。スタッフと教員が合わせて14人いたので、生徒たちはその都度、近くにいるスタッフや教員に質問しながら学習活動課題に取り組んでいた。生徒たちはトンボやバッタ、ダンゴムシなどが何を食べるのかに関する知識が少なく、「トンボって虫を食べますか、それとも草を食べますか」といった質問をしていた。

　動くもの（昆虫や鳥）は写真撮影が難しく、撮りたいと思ってもなかなか撮れずに苦労している様子であった。特に鳥は、飛んでいる姿、木にとまっている姿を見つけたとしても、すぐにカメラを用意して撮影することが難しかった。

　昆虫に関しては、バッタやトンボ、ダンゴムシなどは捕まえてから撮影していた。この点はカメラを使った学習活動課題の欠点の1つであろう。

　屋外で集合して全員がそろっていることを確認してから室内へ移動し、休憩をとった後、模造紙へのまとめ作業を行った。矢印については、書いても書かなくてもどちらでもよいことにしたが、多くの班が矢印を書きこんだ。けれども、この学年の生徒たちは、食べる・食べられる関係を学習していないので、どちら向きに矢印を書くかについて悩んでいた。また、「どうしてそれを撮っ

第 6 章　一定範囲（活動エリア）指定タイプ　95

模造紙にまとめている様子　　　　　　　　発表の様子

たのか」という理由をどのように書けばよいかについても悩んでいた様子で、スタッフや教員に質問していた。すべての班の作業が終わったところで、時間の都合から1班だけ、何を撮影したか、なぜそれを撮影したかを発表してもらい、自然の循環と土に返すことの大切さを説明して実践（試行）を終えた。

　生徒たちのまとめを見ると、植物だけで循環した班（3班）、動物と植物で循環した班（3班）、4枚の写真で循環した班（4班）、途中でつながりが分岐したが循環した班（2班）の計12班が循環できた。芋づる式につながりをたどった結果「土」に戻れなかった班（3班）と、隣接する2つのつながりの妥当性に疑問のある班（3班）の6班がうまく循環できなかった。

　実践（試行）直後に質問紙による調査を行った。「そう思う」、「ややそう思う」、「あまりそう思わない」、「そう思わない」の4択で尋ねた設問（①～⑧）では、①楽しかった、②自然はすごいなと感じた、③積極的に取り組めた、④班で話し合いができた、⑦知らなかったことを学ぶことができた、⑧わたしは自然が好きだ、の6項目で「そう思う」と「ややそう思う」を足した割合が80％を超えた。一方、⑤課題は難しかったが73.7％、⑥資料・説明は難しかったが43.5％で、活動課題や資料・説明は難しかったようである。設問間のクロス集計と検定によると、①楽しかった、②自然はすごいなと感じた、③積極的に取り組めた、の3項目は相互に有意な正の相関関係が認められ、相乗効果があったと考えられる[34]。

　また、⑦知らなかったことを学ぶことができたと回答した69人について、

96

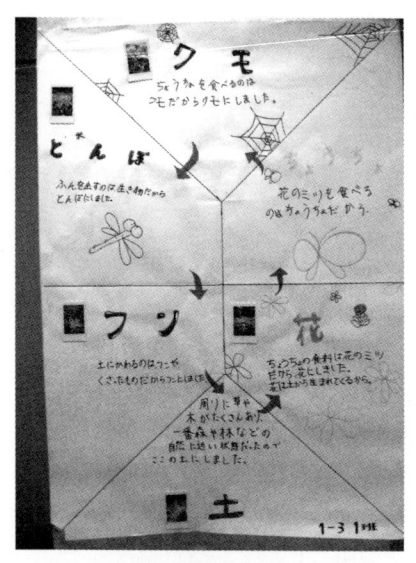

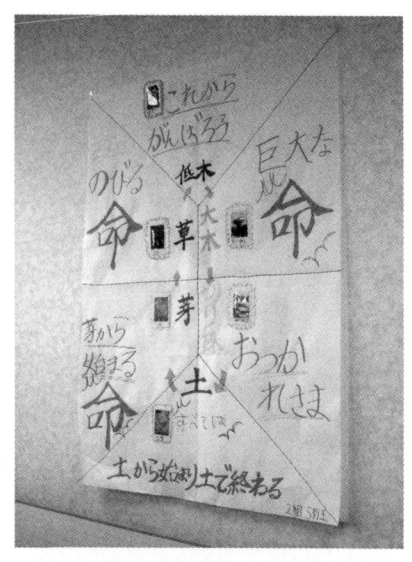

動植物で循環したもの　　　　　植物だけで循環したもの

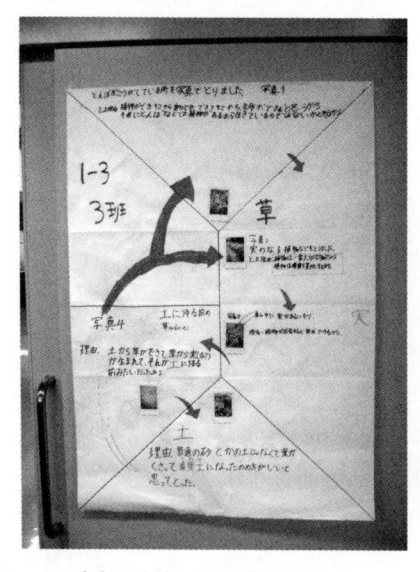

途中で分岐したが循環したもの　　4枚の写真で循環したもの

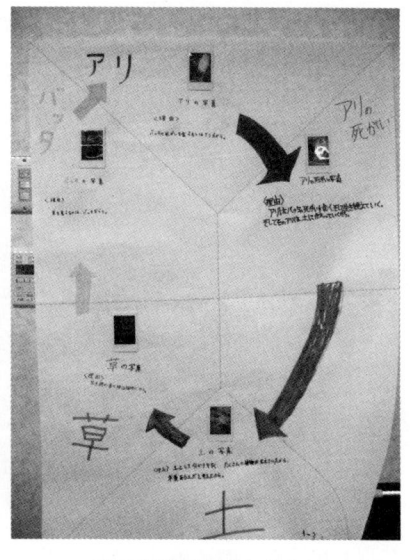

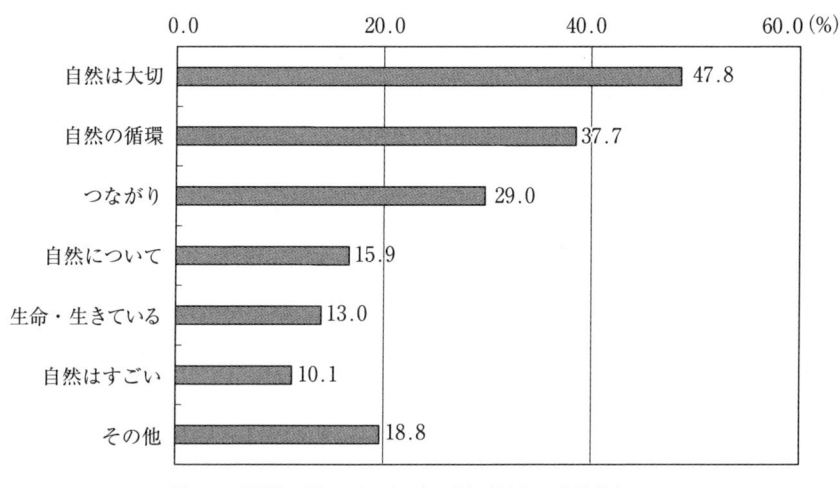

```
                                    0.0        20.0        40.0        60.0(%)
        自然は大切                                        47.8
        自然の循環                                  37.7
        つながり                           29.0
        自然について            15.9
        生命・生きている         13.0
        自然はすごい          10.1
        その他               18.8
```

図6-3　活動で学んだこと（69人）（割合は人数比）
（市川智史（2010）より作成）

「発見隊の活動であなた自身が学んだと思うことを簡単に書いてください」との記述式設問への回答を分類した（図6-3）。

各分類枠の具体的な記述例を示す。

〈自然は大切〉
○今までは自然などにはあまり関心がなかったけど、自然は大切だということが分かった。
○すぐにちぎって遊んでいた葉っぱも、大切な生きていくためのものなんだなぁと思いました。とてもすごいなぁと思いました。
○自然を守るのは難しいと思うけど、自分でもできることをして自然を守りたいです。
○これからはみんなつながって生きているので、自然、生き物、動物を大切にしていきたいと思いました。

〈自然の循環〉
○自然は生き物や植物が循環していることを学んだ。

○循環はたとえば土が草に栄養を与え、その草を虫などが食べる……などでいろいろわかりました。
○土から種、それから木になりそれが枯れ、枯れ葉やドングリの腐ったやつになって、それをダンゴムシが食べて、キノコが生えて、土になるということがわかった。

〈つながり〉
○自然の中はいろいろなものがあり、土、虫、植物がかかわり合って生きているというのがわかりました。
○土と植物と動物はかかわり合っているんだなぁと思いました。
○自然はいろいろなことでかかわり合いを持っていることが分かった。

〈自然について〉
○自然や環境についての知識がとても深まったと思います。
○自然には私たちが知らないこともたくさんあって、生き物たちもいろんなところで一生懸命に頑張っていて、生き物（自然）は、たくさんの働きをやっているんだなーと実感できました。
○自然のことがいろいろわかってよかったです。

〈生命・生きている〉
○今まで気にかけなかったけど、自然の中にはたくさんの命があるということが分かった。
○自然の中で草や木なども頑張って生きているんだなと思った。
○人間は、邪魔だからといって普通に木や草を切って命を消しているんだと思った。虫もすぐ殺されるからかわいそうだった。

〈自然はすごい〉
○自然はとてもすごいなぁと思いました。
○いつもなにげなく見ている自然だけど今日の授業を通して、自然はとっても

すばらしいものなんだということを学んだ。

市川智史（2010）[34]によると、本プログラムは活動課題の難しさ、資料の提示、課題の説明に改善が求められるものの、80％以上の生徒が楽しいと感じ、積極的に取り組み、班で話し合うことができ、自然はすごいなと感じ、知らなかったことを学ぶことができたと言うことができる。また、90％以上の生徒に対し、自然に対する気づきを培うことができたと言うことができ、60～70％の生徒に対して、自然の循環・つながりに関する学習効果が認められたと言うことができる。なお、本プログラムは一見「環境経験学習」プロジェクトと関連がないように思えるかもしれないが、〈変化〉のユニットに属する"Cause and effect 2"や"Who done it"の学習活動課題が筆者の念頭にあったことを申し添えておきたい。

4. 生き物の気持ちの詩

もう1つ中学1年生向けに作成、実践したプログラムを紹介する。このプログラムでは、生き物のつながりやかかわりに焦点を当てることにした。

プログラムのねらいは「屋外での発見活動を通じて、自然のつながりに気づく目を育む」こととした。プログラムの前半は、指示された写真を撮ることを通しての発見活動と生き物になったつもりでその気持ちを考えてみる活動とし、後半は考えた生き物の気持ちの一言を使って「生き物の気持ちの詩」を作る活動とした。

実践は、2009年6月5日（金）（中学校第1学年の宿泊体験（1泊2日）の2日目）に行った。対象生徒数は3学級78人であったが、並行して別の実習が行われたため、午前にAグループ（38人）、午後にBグループ（40人）の大きく2グループに分け、同じプログラムを行った。両グループともに6～7人の6班編制とした。説明、屋外での活動、休憩、室内での作業、発表・まとめ等で約2時間半の時間を要した。指導者は筆者自身、補助者（スタッフ）が

2人、中学校の教員3人の計6人が実践に携わった。写真撮影用にはデジタルカメラ6台を学校の方で用意して頂いた。

「生き物の気持ち」発見隊活動指示書、記録ノート、地図と、「昆虫」「鳥」「草花」「クモ」「木」「カメラ」「うちわ」の7つの名札を配布した。名札は、各班の一人ひとりが何かの役割をすることを明確にするために用意したものである。

6人の班は各自が「うちわ」以外のいずれかの名札をつけ、誰かが「うちわ」役を兼ねることとし、7人の班は「うちわ」も含めて1人1役とした。ちなみに「うちわ」役は、本物の「団扇(うちわ)」を持って歩き、何か質問がある時、ヒントが欲しい時に「団扇(うちわ)」を振って合図をする役である。この役はちょっとした遊び心で作ったものである。

各自の役割を決め、名札をつけたところで、活動指示書と記録ノートを読み上げながら、学習活動課題について説明を行った。特に記録ノートに書いてある指示について、一番下の「シカ」の場合の例を使って詳しく説明した。

「生き物の気持ち」発見隊　活動指示書

【発見隊　心得】
その1　みんなでやろう！
　グループの全員で指令にチャレンジしよう。自分が見つけたことはみんなに教えてあげよう。

その2　じっくりやろう。
　早くやることが重要なのではない。じっくりと、目や身体をつかって、指令にチャレンジしよう。

その3　仲良くやろう。
　グループみんなが発見隊。なかよく、楽しくやろう。人をたたいたり、押したりしないように。

その4　自然を大切にしよう。
　指令書に書いてないことで、草をちぎったり、木の枝を折ったりしないようにしよう。

その5　危ないことはやめよう。
　ふざけて人を押したり、たたいたりしないようにしよう。

第6章　一定範囲（活動エリア）指定タイプ　*101*

【活動の場所】
　青年の家の敷地内（地図に示した範囲。公園へは行かないでください）
※：「木」の人の指令は、地図に丸く囲ってあるところが見つけやすいよ。

【活動の時間】
　今からみんなで外へ移動します。外での活動時間は約30分間です。
　持っていくものは、バインダー、指示書、記録ノート、地図、デジタルカメラ、鉛筆です。
　　　時　　　分までに活動を終えて、デジタルカメラを市川先生に渡してください。

【活動の内容】
(1) 班で相談して、「記録ノート」に書いてある「探すもの」を見つけて、写真を撮ってください。何を撮影するかは、その役割の人（名札をつけていますね）が決めてください。

(2) 写真はその役割の人が、1枚だけ撮影してください。どうしても失敗したら2枚目を撮ってもかまいませんが、3枚目は撮らないようにしてください。

(3) 「記録ノート」に何を撮影したかメモをして、その下に、その生き物になったつもりで、どんな気持ちか、一言書いてください。（「記録ノート」の下の（例）を参考にしてください。）
※：一言は、班のみんなで相談しながら書いてかまいません。

(4) 5つの役割の写真を撮ったら、デジタルカメラを市川先生に渡して、部屋へ戻ってください。（10分間休憩します）

　当日は小雨が降ったりやんだりのあいにくの天候であったが、傘を差しながらでもできる活動であるので、プログラムを変更せずに実践した。室内での説明の後、全員で玄関に集合し、活動場所（木のポイント付近）まで移動し、再度、活動エリアと活動時間を確認して活動に入った。
　生徒たちは、記録ノートの「探すもの」は比較的早く考えついていたようであったが、考えたものがフィールドにあるかどうか探すことや、見つけてからの写真の撮影に手間取っている様子であった。特に「鳥」に関しては、天候の

「生き物の気持ち」発見隊　記録ノート

役割	探すもの	撮ったもの
昆虫	私の天敵を見つけてください	
昆虫になったつもりで一言		

役割	探すもの	撮ったもの
鳥	私が疲れたとき、一休みするところ（場所）を見つけてください	
鳥になったつもりで一言		

役割	探すもの	撮ったもの
草花	同じ種類の仲間と一緒に仲良く暮らしている私を見つけてください	
草花になったつもりで一言		

役割	探すもの	撮ったもの
クモ	私の好きな食べ物を見つけてください	
クモになったつもりで一言		

役割	探すもの	撮ったもの
木	私の小さな子どもたちを見つけてください	
木になったつもりで一言		

例）

役割	探すもの	撮ったもの
シカ	私が落としていったものを見つけてください。	シカのフン
シカになったつもりで一言　　ここが一番落ち着くよな〜　　　　　　　　（すっきりさわやか　　今日も快調）		

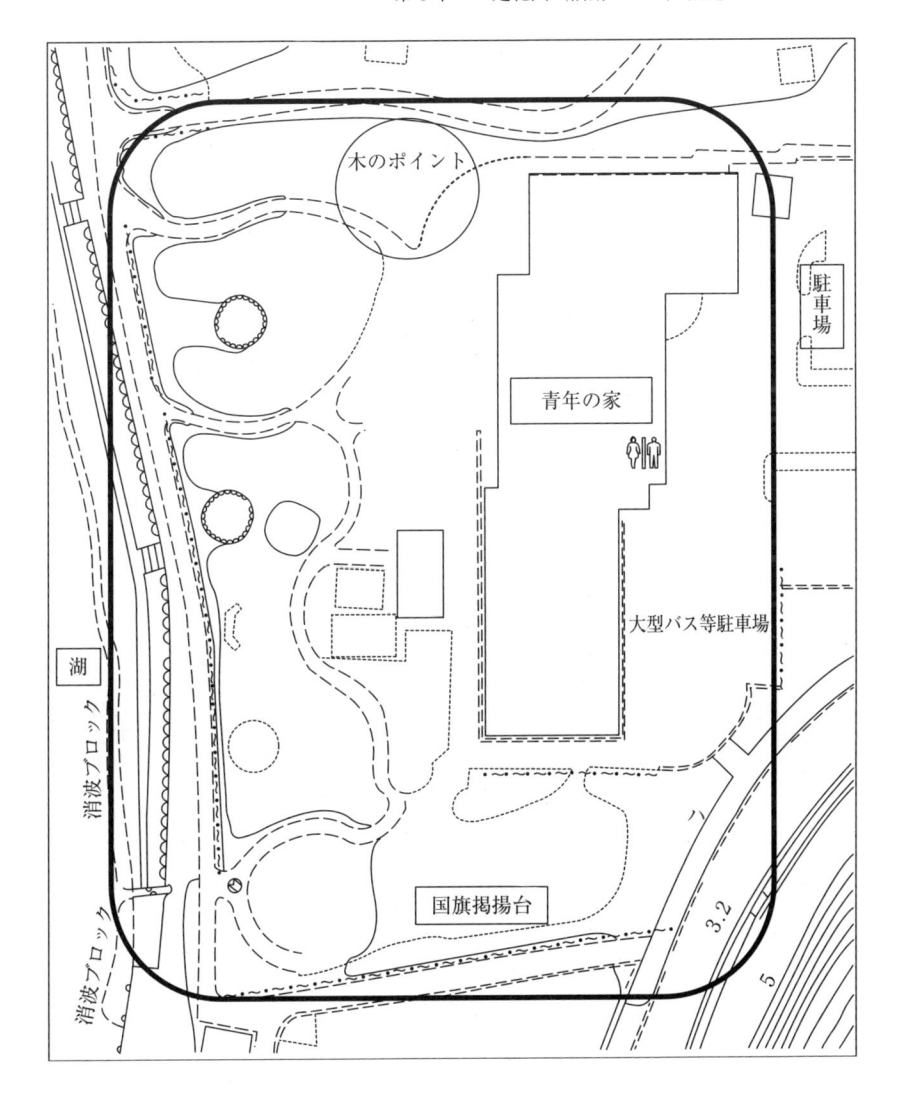

第6章　一定範囲（活動エリア）指定タイプ　103

関係もあってか、なかなか飛ぶ姿を見ることができず、写真撮影に困っている様子であった。

木の子ども（幼木）に関しては、「木のポイント」に補助者（スタッフ）を1人配置し、生徒たちにヒントを与えるよう指示しておいたので、見つけることは容易であった。しかし、近くにある親木（スギ・ヒノキ）には、すぐには気づかなかったようであった。

約30分間の活動時間を与え、すべての班が写真を撮り終えたことを確認してから室内へ戻り、休憩時間とした。休憩時間の間に、デジタルカメラの写真をプリンターで印刷した。

屋外での活動の様子　　　　　　草花の写真を撮影している様子

休憩後、「『生き物の気持ち』の詩をつくろう」のシートと横長の短冊状の紙（6枚）を配布し、室内での作業の説明を行った。

作業としては、まず撮影した写真を短冊に貼り（複数撮影した場合はいずれか1枚を選ぶ）、記録ノートに書いた「……になったつもりで一言」を水性マジックで書き写す。ここまでは単純な手作業である。次に、各班で「生き物の気持ち」の詩になるように、5枚の短冊を並べる順番を相談する。そして、もう1枚、何も書いていない短冊に班で相談して、最後の1行を作る。このようにすることで、個人で作ったものではなく、グループで作った「生き物の気持ち」の詩ができあがる。

「生き物の気持ち」の詩をつくろう

1) カメラ係さんは、他の人と相談して、どの写真を使うかを決めて、写真を切ってください。

2) それぞれの役割の人は、横長の短冊にノリで写真を貼り、マジックを使って、大きい字で、「……になったつもりで一言」を書き写してください。マジックはそれぞれ違う色を使ってください。(オレンジと黄色は使わないでください)

例)

【写真を貼る】　　　ここが一番落ち着くよな〜　（シカ）

3) できた5枚の横長短冊と、もう1枚の計6枚を使って、「生き物の気持ち」の詩を作ってもらいます。

4) まず、5枚の横長短冊を模造紙の上に並べてみてください。(模造紙は縦長に使ってください)

5) 上下の順番を入れ替えて、「生き物の気持ち」の詩に合うように並べ直してください。

6) 一番最後（一番下）に6枚目の短冊をおいて、班で相談して最後の一言を書いてください。(オレンジと黄色以外で、まだ使っていない色のマジックで書いてください)

7) 順番が決まって、最後の一言が書けたら、一番上に　生き物の気持ちの詩と題名を書いて、6枚の短冊を模造紙に貼り、右下に1組1班のように班の番号とメンバーの名前を書いてください。

8) 完成したら、壁に張り出します。

9) 　　　時　　　分　までに完成させてください。

模造紙にまとめている様子　　　　　　　　発表の様子

　詩を作る作業を通じて、このフィールドにいる生き物になった気持ちで、1行1行の中にある生き物のつながりやかかわりをイメージすることができるのではないかと考えた。

　生徒たちは、どういう順番に並べるとストーリーができるかを相談しながら、最後の1行を考えていた。すべての班が作業を終えて模造紙を貼りだしてから、2班程度に、何の写真を撮ったか、なぜその写真を撮ったか（理由）を話してもらい、最後に6行を読み上げる形で発表してもらった。

　生徒の作品を2例示す。上手な詩を作ることが目的ではないので、できあがった作品を評価することは必要ない。「生き物の気持ち」という視点でフィールドの自然をとらえたかどうかということの方が大切である。その意味では、各班とも、記録ノートで指示されたものを撮影し、一言を書いていた。

　生徒の作品を見ると、書かれた一言が、記録ノートの「シカ」の例や、与えられた指示内容に引きずられてしまった様子がうかがえる。この点はプログラムの改善課題と言える。

　実践直後に質問紙による調査を行った。調査結果については古家智重子(2009)[35]で報告されているが、ここでは同じデータを用いて筆者自身があらためて集計・分析を行った。調査票では①〜⑧の8つの択一式設問を設定した（図6-4参照）。これらには、参加した78人すべてが回答した。

　「そう思う」と「どちらかといえばそう思う」を足した割合で見ると、①〜⑤、⑧の項目で90％を超えた。特に、「④自然はお互いにかかわっていると感

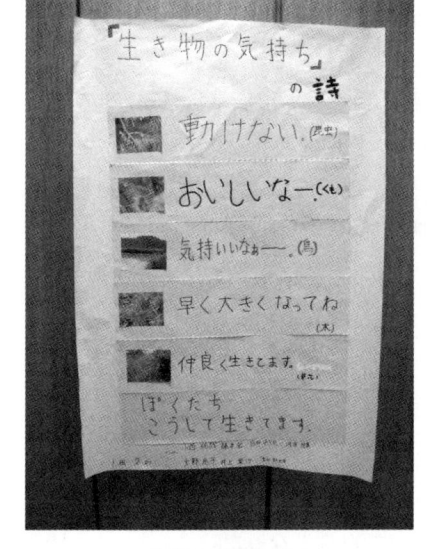

第6章 一定範囲（活動エリア）指定タイプ　107

　　　生き物の気持ちの詩

　　（昆虫）人間から逃げろー

　　（クモ）くってやるー

　　（草花）みんな仲よく！

　　（木）早く大きくなってね

　　（鳥）木は気楽だ！！

　　　自然を大切に

生徒の作品の例　　　　　　　書かれている内容

　　　生き物の気持ちの詩

　　（昆虫）動けない

　　（クモ）おいしいなー

　　（鳥）気持ちいいなぁー

　　（木）早く大きくなってね

　　（草花）仲良く生きてます

　　ぼくたちこうして生きてます

生徒の作品の例　　　　　　　書かれている内容

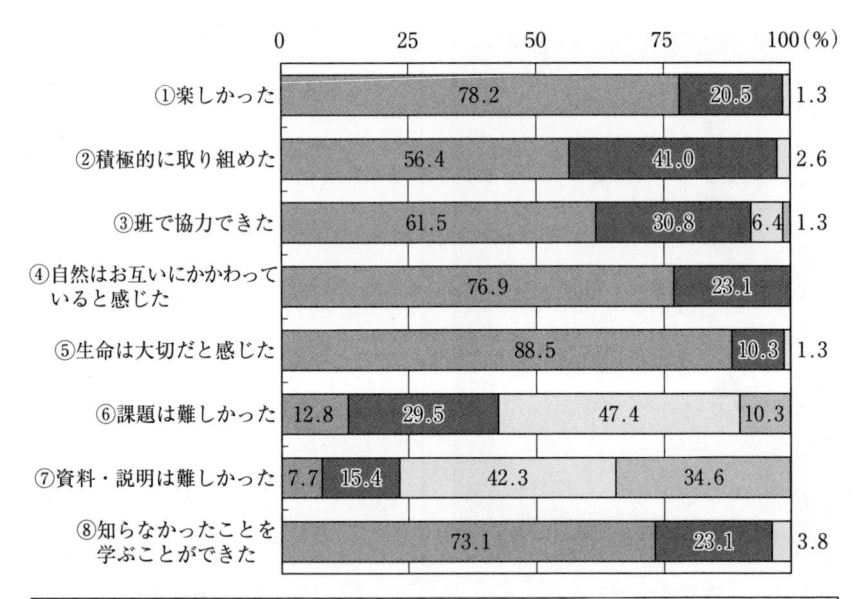

項目	そう思う	どちらかといえばそう思う	どちらかといえばそう思わない	そう思わない
①楽しかった	78.2	20.5		1.3
②積極的に取り組めた	56.4	41.0		2.6
③班で協力できた	61.5	30.8	6.4	1.3
④自然はお互いにかかわっていると感じた	76.9	23.1		
⑤生命は大切だと感じた	88.5	10.3		1.3
⑥課題は難しかった	12.8	29.5	47.4	10.3
⑦資料・説明は難しかった	7.7	15.4	42.3	34.6
⑧知らなかったことを学ぶことができた	73.1	23.1		3.8

図6-4 択一式設問の回答分布（78人）

じた」は100%に達した。「そう思う」割合で見ると、①、④、⑤、⑧の項目で70～90%と高かったが、②と③では60%程度であった。「⑦資料・説明は難しかった」は、「そう思わない」と「どちらかといえばそう思わない」を足した割合が約80%で、資料や課題の説明を難しいと感じた生徒は少なかったと言える。それに対して、「⑥課題は難しかった」は40%を超えた。つまり、資料や説明はわかったものの、課題そのものは難しいと感じた生徒が半数近くいたと言える。

「⑧知らなかったことを学ぶことができた」と回答した75人のうち、「発見隊の活動であなた自身が学んだと思うことを簡単に書いてください」との記述式設問に回答した73人（2人は無記入）の記述を分類した。1人の生徒が複数の記述をしているので、分類のデータ数は99件となった。

分類作業の結果、何らかの「発見・気づき」があったことを記したのは33件（45.2%（人数比、母数は73人、以下同じ））で、それらはさらに自然や生

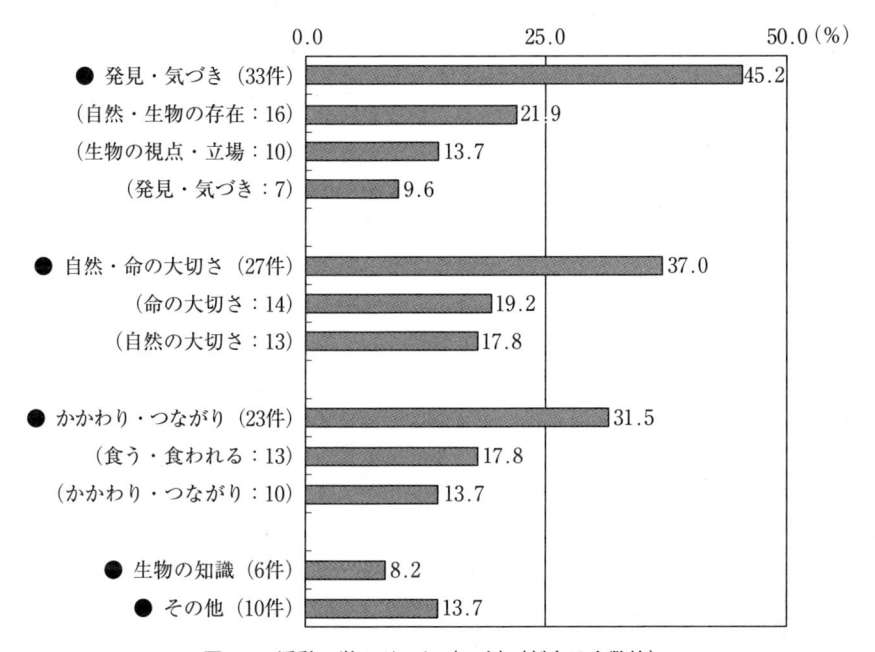

図6-5 活動で学んだこと（73人）（割合は人数比）

項目	割合(%)
● 発見・気づき（33件）	45.2
（自然・生物の存在：16）	21.9
（生物の視点・立場：10）	13.7
（発見・気づき：7）	9.6
● 自然・命の大切さ（27件）	37.0
（命の大切さ：14）	19.2
（自然の大切さ：13）	17.8
● かかわり・つながり（23件）	31.5
（食う・食われる：13）	17.8
（かかわり・つながり：10）	13.7
● 生物の知識（6件）	8.2
● その他（10件）	13.7

物の存在について記述したもの、生物の視点や立場について記述したもの、単に発見や気づきがあったと記述したものに分類できた。「自然・命の大切さ」に関して記述したものは27件（37.0%）で、それらは命の大切さについて記述したもの、自然の大切さについて記述したものに分類できた。「かかわり・つながり」に関して記述したものは、23件（31.5%）で、それらは食う・食われる関係について記述したもの、単にかかわりやつながりについて記述したものに分類できた。「生物の知識」に関して学んだとしたものが6件（8.2%）、その他が10件（13.7%）であった（図6-5）。

各分類枠の具体的な記述例を以下に示す。

● 発見・気づき
〈自然・生物の存在〉
○いつもはふつうに歩いているところでも、そっと目をむければ自然がたくさ

んあるんだなぁと思いました。
○小さな葉や虫がたくさんいることに気づいた。

〈生物の視点・立場〉
○人間の視点からだけではなく、動物の視点からも見たほうが自然はおもしろいということ。
○虫などの気持ちになることで、環境に関心を持てるようになったこと。

〈発見・気づき〉
○しらないことが発見できて、そこがまなべたところ。
○今まで気にとめてないものをじっくり見るといろいろなことに気づけたなと思いました。

● 自然・命の大切さ
〈命の大切さ〉
○生き物は、人間から見たら小さな命だけど、命は大切だと思いました。
○生き物も、人間と同じように命を持っているんだなぁと思った。

〈自然の大切さ〉
○自然も生きているので、大事にしようと思いました。
○植物も人間も同じ生きているのだから、友達や家族など、大切にするとどうじに、自然や植物を大切にしていきたいと思った。

● かかわり・つながり
〈食う・食われる〉
○クモがトンボを食べているのを見て、生き物の世界はすべて強い物がかつんだなって思いました。
○生き物は自分で食べ物とかを見つけてすごいと思ったけど、他の動物がそれで食べられる厳しい世界なんだと思った。

〈かかわり・つながり〉
○植物と人間、動物は深くかかわっていること。
○自然はたがいにつながりあっているんだなーということがわかった。

● 生物の知識
○いつもは広く周りを見て、「木々」があっても「木々」としか見ていなかったけど、この活動で「木々」も「スギ」や「ヒノキ」として見ることができた。
○草にしても、この草には花が咲いているとか、この草をつかむと手が切れるとかも見れた。

● その他
○自然の生き物の気持ちを考えたりして友達と協力できた。
○「〜になったつもりで一言」で、自分で考えることもできたり、班で協力してできたり、一部カメラの技術を上げれた。

　事後調査からは、活動課題の難しさを除くと良好な結果が得られているものの、筆者の個人的感想としては、一般的な考え方での回答、あるいは、指導者の意図に寄り添った回答であるような印象を受ける。例えば「④自然はお互いに関わっていると感じた」との項目の回答は、「そう思う」と「どちらかといえばそう思う」を足した割合が100%であったことから見ると、本プログラムのねらいの達成率は高いように見える。しかし、記述式設問で「かかわり・つながり」に関する記述をした生徒は約30%であったことを勘案すると、果たしてプログラムのねらいが十分達成できたと言ってよいかどうか、疑問が残るところである。この点に関しては、事後調査の質問項目の工夫が必要であると考えられる。
　プログラムそのものに関して言えば、屋外で書いたメモ（……になったつもりで一言）をそのまま詩に使うのではなく、メモと写真を基にして、生き物の気持ちや生き物の世界といったテーマで、言葉を作り直す方が、より深く自然の中の生き物のかかわりやつながりを意識できたのではないかと考える。ま

た、詩のタイトルも、各班で考えさせた方が、よりプログラムのねらいに近づけたのではないだろうか。なお、このプログラムの作成・実践・事後調査等は、筆者の指導のもと、滋賀大学環境学習支援士養成プログラム受講生の課題研究を兼ねて行ったものである[35]。

あ と が き

　すでに述べたとおり、本書は「指示書方式」プログラムという何か目新しいものを提唱しているほどのものではない。身近な環境に接する、身近な環境の状態や変化に気づくような、体験型環境教育プログラムの1つの形式を考えたという程度である。
　けれども、「指示書方式」という視点を持つことで、各学校や教師が、フィールドに見合ったプログラムを考案しやすくなるだろうと考えている。
　こうしたプログラムの考案に取り組み、実践することで、教師自身の環境を見る目（気づき）が高まっていく。教師がすべてを作らなくてはならないと固定的に考える必要もない。例えば、小学校5、6年生に、3、4年生向けの学校探検プログラムの活動課題を考えさせることも可能であろう。筆者自身、プログラムを実践する中で、学習者の様子やつぶやきからヒントを得て、次のプログラムに盛り込んだ経験もある。
　プログラムを作成、実践し、学習活動課題を修正したり、付け加えたりすることで、形式は同じ「指示書方式」であっても、プログラム自体はどんどん改良されていくであろう。
　本書が、学校現場の教員や地域での環境教育実践者の、環境教育プログラム開発とその実践に寄与することができれば幸いである。
　最後になったが、筆者が「指示書方式」プログラムを思いついたそもそものきっかけは、神戸大学大学院教育学研究科理科教育専攻での修士論文において、「環境経験学習」プロジェクト（Environmental Studies Project）についての研究を行ったことである。筆者に同プロジェクトを教示し、温かくご指導くださった当時の指導教官、故・恩藤知典博士（元・神戸大学教授、教育学博士）に心から感謝の意を表したい。

2010年12月

著　者

引用文献

1) 羽賀貞四郎 (1972):「欧米における環境保全と ESCP 本部で開発中の ES について」『地学教育』第 25 巻、第 5 号、pp.22-25.
2) 小金井正巳 (1973):「アメリカの環境教育とその現状」『理科の教育』、1973 年 5 月号、pp.45-50.
3) 大隅紀和 (1975):「環境経験学習 Environmental Studies Project について―その 3 ―」『科学の実験』、Vol.26, No.3、pp.33-38.
4) 恩藤知典 (1975a):「環境経験学習 Environmental Studies Project について―その 1 ―」『科学の実験』、Vol.26, No.1、pp.27-32.
5) 恩藤知典 (1975b):「環境経験学習 Environmental Studies Project について―その 2 ―」『科学の実験』、Vol.26, No.2、pp.57-61.
6) 恩藤知典 (1977a):「ESCP 解散後のアメリカの地学教育 (その 1)」『地学教育』、第 30 巻、第 3 号、pp.113-120.
7) 恩藤知典 (1977b):「ESCP 解散後のアメリカの地学教育― ES プロゼクトとパターン地学について―」、『日本科学教育学会年会論文集』、pp.37-38.
8) 恩藤知典 (1981):「アメリカの環境教育」、国立教育研究所環境教育研究会編、『学校教育と環境教育』教育開発研究所、pp.66-71.
9) 恩藤知典 (1991)「ES プロゼクトにおける地図化」、『地学の野外観察における空間概念の形成』東洋館出版社、pp.126-130.
10) 市川智史 (1985)「環境教育に関する教材の研究― Environmental Studies Project に焦点をあてて―」、『神戸大学大学院教育学研究科修士論文』、1985 年 1 月．
11) 市川智史 (1992)「アメリカの Environmental Studies Project に関する研究 (1) ―活動の経緯、考え方、基本的ねらい―」、『環境教育』、第 2 巻、第 1 号、pp.2-9.
12) Romey, William D. (1971) The Earth Science Educational Program, Journal of Geological Education, Vol.19, No.3, pp.119-123.
13) Romey, William D. (1972) Environmental Studies (ES) Project Bring Openness to Biology Classrooms, The American Biology Teacher, Vol.34, No.6, pp.322-328.
14) Samples, Robert E. (1971) Environmental Studies, The Science Teacher, Vol.38, No.7, pp.36-37.
15) ES/ESTPP (1970) ENVIRONMENTAL STUDIES: KEY TO SELF-AWARENESS, ES-ESTPP Newsletter, No.1.
16) ES/ESTPP (1973) ESSENTIA, ES-ESTPP Newsletter, No.11.
17) ES/ESTPP (1972a) ENVIRONMENTAL STUDIES: KEY TO SELF-AWARENESS,

GROWING-environmental studies, American Geological Institute.
18) ES/ESTPP（1972b）A Natural History, GROWING-environmental studies, American Geological Institute.
19) Griffith, Gail（1972）Environmental Studies-a curriculum for people, Science and Children Vol.9, No.5, pp.18-21.
20) ES（1970）ES SENSE, American Geologocal Institute.
21) Romey, William D.（1970）ESCP: a Project in Transition, The American Biology Teacher, Vol.32, No.6, pp.343-347.
22) Romey, William D.（1975）Transdisciplinary, Problem-Centered Studies: Who is the Integrator ?, School Science and Mathematics, 1975/1, pp.30-38.
23) Samples, Robert E.（1970）Intrinsic Schooling A New Yellow Brick Road, ERIC, ED042682, pp.1-11.
24) ES/ESTPP（1970）ES-News letter No.1, 1970.
25) 市川智史（1988）「環境教育教材の一例としてのEnvironmental Studies Project」、『地理科学』、地理科学会、第43巻、第2号、p.131.
26) 市川智史（1989）「アメリカのEnvironmental Studies Projectを基にした環境教育教材の開発」、『中国四国教育学会研究紀要』、中国四国教育学会、第34巻、第二部、pp.285-290.
27) こどもエコクラブ全国事務局（財団法人日本環境協会）（1997）『こどもエコクラブ全国フェスティバル報告書』.
28) 市川智史（2000）「指示書方式による体験型環境教育プログラムの開発」『滋賀大学教育学部紀要 I：教育科学』、No.49、pp.1-13.
29) ジョセフB. コーネル著、日本レクリエーション協会監修、日本ナチュラリスト協会訳（1986）『ネイチャーゲーム』、柏書房.
30) 清里環境教育フォーラム実行委員会（1992）『日本型環境教育の「提案」』、小学館.
31) ジョセフB. コーネル著、吉田正人・辻淑子ほか訳（1991）『ネイチャーゲーム2』、柏書房.
32) 市川智史（2006）「キャンパス「気づき」体験プログラムの作成とその実践」『滋賀大学環境総合研究センター研究年報』、Vol.3、pp.21-26.
33) 市川智史（2007）「教員養成課程の多人数講義「環境教育概論」における参加体験型手法導入の試み」『環境教育』、16（2）、pp.33-38、日本環境教育学会.
34) 市川智史（2010）「自然の循環に関する中学生向け体験型環境教育プログラムの考案と試行」『理科教育学研究』、50（3）、pp.15-24、日本理科教育学会.
35) 古家智重子（2000）「自然のつながりをテーマとした中学生向け環境学習プログラムの作成と実践」『環境学習支援士「課題研究」報告集（2009年度）』.

■著者紹介

市川　智史　(いちかわ　さとし)

　　　滋賀大学環境総合研究センター　環境教育研究部門　准教授
　　　神戸大学大学院教育学研究科理科教育専攻　修了
　　　広島大学大学院教育学研究科博士課程後期教科教育学専攻　中途退学
　　　教育学修士（神戸大学）

　　　主著：
　　　川嶋宗継、市川智史、今村光章編著『環境教育への招待』ミネルヴァ書房、2002年
　　　市川智史「環境教育のカリキュラム」安彦忠彦編『新版　カリキュラム研究入門』勁草書房、pp.144-156、1999年
　　　市川智史「第7章中学校の環境教育最前線」奥井智久編著『学校変革実践シリーズ6　地球規模の環境教育　環境教育最前線』ぎょうせい、pp.147-177、1998年

身近な環境への気づきを高める環境教育手法
―「環境経験学習」から「指示書方式」への展開―

2011年2月14日　初版第1刷発行

■著　　者──市川智史
■発 行 者──佐藤　守
■発 行 所──株式会社 **大学教育出版**
　　　　　　　〒700-0953　岡山市南区西市855-4
　　　　　　　電話（086）244-1268　FAX（086）246-0294
■印刷製本──サンコー印刷㈱

© Satoshi Ichikawa 2011, Printed in Japan
検印省略　　落丁・乱丁本はお取り替えいたします。
無断で本書の一部または全部を複写・複製することは禁じられています。
ISBN978-4-86429-011-1